Fantasievolle Gartenhäuser

Thomas Drexel

Fantasievolle Gartenhäuser

Pavillons, Lauben, Spiel- und Baumhäuser, Carports

Deutsche Verlags-Anstalt

Inhalt

Einführung

Lauben, Pavillons, Baumhäuser und Carports – die Vielfalt der Gartenarchitektur

Dieses Buch widmet sich den ansonsten kaum behandelten Kleinbauten, die den eigenen grünen Lebensraum aufwerten und Alternativen zu der üblichen, genormten Zweckarchitektur aufzeigen. Bei den vorgestellten Beispielen handelt es sich ausnahmslos um architektonisch hochwertige Vertreter ihrer Art, die von der Kreativität ihrer Planer und Besitzer zeugen – vom schwebenden Pavillon aus Glas und Bronze über den frechen Bullaugen-Kubus bis hin zum Stelzen- oder Baumhaus in luftiger Höhe. Mannigfache Varianten von Gartenhäusern liefern die Vorlage für jede stilistische Vorliebe und jede funktionale Anforderung, viele der vorgestellten Beispiele vereinigen gleich mehrere Zwecke. Es gibt wohnliche Lauben, überdachte Outdoor-Küchen für das vollendete Diner im Garten, Pavillons zum Meditieren und Musizieren, in den Garten ausgelagerte Büroräume fürs Arbeiten zuhause, Spielhäuschen für Kinder, Kunstateliers, aber auch Geräteschuppen, Poolhäuschen, Pergolen und Carports – kompakte Tausendsassas für (fast) jeden Zweck. Das Spektrum reicht bis hin zu Arbeiten mit künstlerischem Charakter, die besonders überraschende Momente und durchaus auch Anregungen für eher alltägliche Bauaufgaben bieten.

Anschauliche Texte, Baudaten, Fotografien und Pläne liefern die benötigten Detailinformationen. Alle Planer- und Bezugsadressen sind im Anhang genannt.

Kleingebäude im Garten – individueller Charme statt Einheitsware

Architektur im Garten muss nicht einem bestimmten stilistischen Kanon folgen, sollte aber von hoher gestalterischer Qualität sein. Die meisten Produkte von der Stange, die im Baumarkt um die Ecke angeboten werden, werden diesem Anspruch nicht gerecht. Besser ist es, sich an die (Landschafts-)Architektin / den (Landschafts-)Architekten seines Vertrauens zu wenden. Anregungen nicht nur für Bauherren, sondern auch für erfahrene Planer liefert dieses Buch in ausreichender Zahl. Unter den vorgestellten Häusern sind jedoch auch einige, die in Serie gefertigt werden und bestellt werden können.

Grundsätzlich ist es sinnvoll, sich bei der Planung an einem einheitlichen Stil- und Materialkanon zu orientieren, um gestalterische Übereinstimmung zu erreichen. Häufig wird ja gerade der Fehler gemacht, ein in der Art völlig unpassendes Häuschen auszuwählen, das nicht nur für sich genommen, sondern auch im Zusammenspiel mit dem Wohngebäude ästhetisch fragwürdig ist. Eine einheitliche Architektursprache ergibt sich etwa aus der passenden Gestaltung und Auswahl von Fassade, Dachform und -überstand, Fassadenmaterial und Farbgestaltung, was insbesondere bei qualitätvoller Architektur des Haupthauses eine Rolle spielt. Besitzt die bestehende Wohnhausarchitektur hingegen keinen besonderen Wert, ist man in der Gestaltung des Gartenhauses recht frei. Gleiches gilt, wenn – etwa in einem großen Garten – Haupt- und Nebengebäude in einem deutlichen Abstand voneinander liegen.

Die Vielfalt der Möglichkeiten: Planung, Materialien, Konstruktion

Ganz gleich, ob individuelle Planung oder serielles Konzept, immer ist von den im Einzelfall vorhandenen Möglichkeiten und Ansprüchen auszugehen, denn kein Bau gleicht dem anderen. Selbst beim Gartengebäude sind die Gegebenheiten des Geländes, die

Stellung im Raum und die Besonnung, die Erschließung und auch genehmigungsrechtliche Besonderheiten zu berücksichtigen. Entgegen einer verbreiteten Annahme bedürfen auch Bauten im Garten in vielen Fällen einer Baugenehmigung; hier wurden tatsächlich auch schon Abrissverfügungen ausgesprochen. Um sicherzugehen, sollte man also mit der lokal zuständigen Baubehörde in Kontakt treten, bevor man ein Projekt in Angriff nimmt. Ist es genehmigungsfrei, ist man mit einer schriftlichen Bestätigung auf der sicheren Seite. Ansonsten muss der übliche Genehmigungsantrag gestellt werden. Ferner sind zahlreiche planerische Überlegungen anzustellen; fast immer gilt es, an die Erschließung des Baus mit elektrischen Leitungen zu denken. Wird das Gebäude auch zum zeitweisen Aufenthalt oder als Büro genutzt, sind eine fachgerechte Dämmung vorzunehmen sowie die Sanitär- und Heizungsinstallation zu berücksichtigen. Aufgrund der meist kleinen Kubaturen und des daher geringen Energieverbrauchs der Gartenhäuser bei deutlich niedrigeren Herstellungskosten werden hier oft Elektroheizungen installiert. Zur Erwärmung des Brauchwassers empfehlen sich klein dimensionierte Durchlauferhitzer. Alternativ besteht die Möglichkeit, das Gartenhaus an das Heizungssystem des Hauptgebäudes anzuschließen, wobei sich dies vor allem bei geringen Entfernungen lohnen wird.

Die im Buch versammelten Beispielprojekte führen es vor Augen: Kleinbauten werden in ebenso vielen unterschiedlichen Bauweisen errichtet wie Wohngebäude, sei es in Holz, Mauerwerk, Beton oder Stahl beziehungsweise in verschiedensten Mischkonstruktionen. Vorwiegend kommt allerdings aufgrund ihres Kostenvorteils, ihrer besonderen Eignung für Eigenleistung und auch für modulare Konzepte die Holzbauweise zum Einsatz. In der Regel wird das Tragwerk innen mit OSB- oder Sperrholzplatten beplankt, außen wird meist verbrettert, aber auch hier kann wasserfest verleimtes Sperrholz (beispielsweise aus Fichte) verwendet werden. Im Dachbereich von Schuppen und Baumhäusern kommen häufig beschichtete Sperrholztafeln oder Deckungen aus Bitumenpappe zum Einsatz.

Ob die Bodenplatte betoniert werden muss, hängt wieder von der Nutzung ab. Meist genügt es, das Tragwerk auf betonierte Punktfundamente zu stellen. Bei Nutzung zum längeren Aufenthalt oder gar als Gartenbüro ist eine fachgerechte Dämmung unerlässlich; sie besteht meist aus einer hinterlüfteten Fassade, mit einer (diffusionsoffenen) Winddichtung, der Dämmebene (am besten aus nachwachsenden Rohstoffen), einer Dampfbremse und der inneren Verschalungsebene. Auf den Einbau dampfabsperrender Schichten sollte man verzichten, da sich sonst im Innenraum ein stickiges »Barackenklima« entwickelt.

Hoch hinaus auf kleinstem Raum

Miniaturgartenhaus mit kreativer Dachform

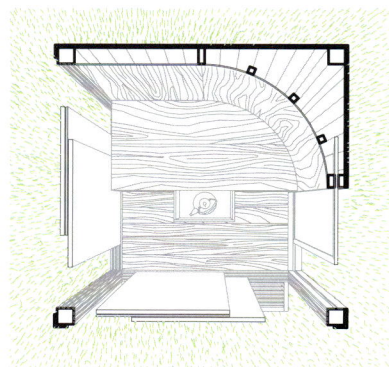

Perspektivischer Grundriss

0   2,5 m

Obgleich dieses Gartenhäuschen für gemeinsame Treffen von Freunden und Familienmitgliedern gedacht ist, kommt es mit einer minimalen Grundfläche aus. Auf gut drei Quadratmetern sind durch den Einbau einer Lärchenholzbank mit praktischen, integrierten Schubladeneinheiten viele Sitz- und Liegemöglichkeiten geschaffen worden. Zudem wird der Raum mit seinem annähernd quadratischen Grundriss durch eine außergewöhnlich gestaltete Kuppel nach oben aufgeweitet. Vertikal angeordnete Holzstäbe kleiden die Kuppel im Inneren aus und verstärken die Orientierung nach oben, zum Licht. Rücklings auf der Bank ausgestreckt, kann man durch ein Lichtauge direkt in den Himmel sehen. Der gewünschte Grad an Intimität beziehungsweise Exponiertheit beim Aufenthalt in diesem »Hut-Häuschen« lässt sich mittels Schiebefenstern und Klappläden ganz nach Wunsch variieren. Einer der Klappläden fungiert ausgestellt als Vordach und schützt so die angedockte Terrasse vor der Witterung. Das asymmetrisch gewalmte Dach wird durch Lärchenholzschindeln vor der Witterung geschützt, die Fläche mit dem Lichtauge schließt die Konstruktion nach oben ab. Im Außenbereich dienen anstelle von Stühlen Baumstümpfe als Sitz- und Abstellgelegenheiten, eine Kiefer spendet Schatten an heißen Tagen.

Rechte Seite: Ansicht des Gartenhauses mit dem Eingang. Die Baumstümpfe fungieren als Treppenstufen und als Sitzgelegenheiten.

A1 architects
Ausführung: Vojtech Bilisic

Links beide: Die Außenwände lassen sich teilweise flexibel öffnen und können sogar als Vordach fungieren.

Rechts: Isometrien

Tragwerk aus Eiche

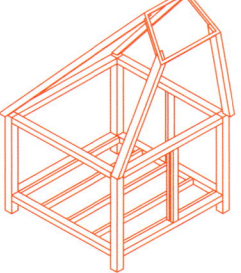

Außenwände aus angekohlter Lärche

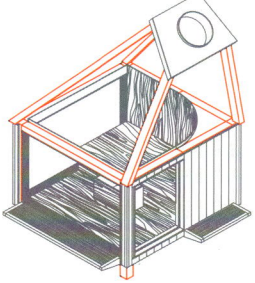

Abgewalmte Decke aus Sperr-holzstäben (15 x 15 mm)

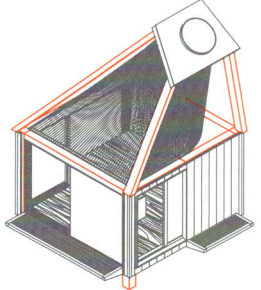

Lärchenschindeldach und Klappläden aus angekohlter Lärche

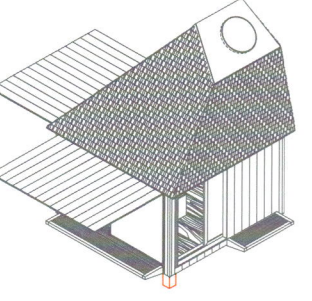

Wichtiges in Kürze

Funktion: Gartenhaus für den temporären Aufenthalt, Stauraum
Bauweise: Holzkonstruktion aus Eiche auf Natursteinsockel, Wände aus Eichensperrholz, Fassade aus angekohltem Lärchenholz, Dachschindeln, Terrassenbeläge und Schubladenbank aus Lärchenholz
Nutzfläche: ca. 3,24 m² (1,80 x 1,80 m)
Planungs- und Baukosten: keine Angaben
Baujahr/Fertigstellung: 2010
Standort: Garten bei Ostrava/Tschechien

Unten links: Die »Himmels-Öffnung« mit der Kuppelauskleidung aus Sperrholzstäben

Unten rechts: Die lange Lärchenholzbank dient der Entspannung und schafft zudem Stauraum durch integrierte Schubladen.

Organische Form im Kirschgarten

Kleines Teehaus auf Stelzen

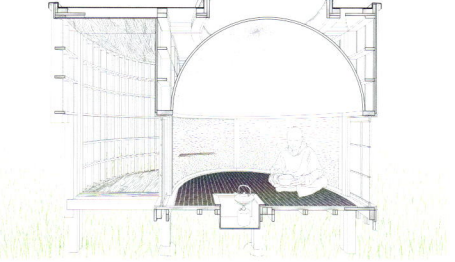

Perspektivischer Schnitt

0   2 m

Inmitten eines Obstgartens, im Frühjahr und Sommer von Wolken weißer Kirschblüten und Büscheln roter Kirschen umgeben, thront ein kleines, rundes Häuschen über dem Terrain, das die Architekten David Mastalka und Lenka Kremenova im eigenen Garten planten. Gleichsam der Erdverhaftung enthoben, dient es der Kontemplation ebenso wie der Zusammenkunft mit Freunden. Wie bei anderen Projekten des jungen Prager Büros ist hier – auch mithilfe eines japanischen Experten – der Versuch gelungen, die Tradition des japanischen Teehauses in eine ganz eigene, schlichte und doch baulich kreative Formensprache zu übersetzen. Die erhöhte Plattform wird über ein kleines vorgeschaltetes Podest betreten. Der in seinem Grundriss tropfenförmige Innenraum blieb unmöbliert, dennoch sitzt man sehr bequem und natürlich auf einem weichen, Tatami-Matten zitierenden Geflecht aus Naturfaser. Den Blickfang bildet die Vertiefung für die Teekanne; die lehmverputzte und aus demselben Material errichtete Wand schmückt ein Pflanzenbord, das seinerseits japanische Ursprünge aufgreift. Die im Kontext des räumlichen Minimalismus gestalterisch prägende Kuppel aus Papier fängt, verstärkt durch ihre helle Oberfläche, das Licht und die Sonnenstrahlen ein und betont die gedachte Raummitte mit dem Platz für die Teezeremonie. Der Rundung folgende, mit Papier bekleidete Sprossenfenster in den Seitenwänden lassen Licht, aber keine Blicke passieren.

Rechte Seite: Herbststimmung: Das Teehaus mit seiner Fassade aus angekohlter Lärche.

A1 architects
Beratung/Ausführung: Prof. Teronobu Fujimori,
Universität Tokio/Vojtech Bilisic und Jan Basta

Links oben: Der Blick von oben zeigt den asymmetrisch abgerundeten Grundriss, der sich von seinen orthogonalen japanischen Vorbildern unterscheidet.

Links unten: Die Papierwände und die Lichtkuppel stellen die Transparenz, eines der Hauptthemen des Entwurfs, wirkungsvoll heraus.

Wichtiges in Kürze

Funktion: Pavillon/Gartenhaus für den temporären Aufenthalt
Bauweise: Holzkonstruktion aus Eiche auf Naturstein-
fundamenten, Wände in Lehmbauweise bzw. Holzkonstruktion,
Fassade aus angekohlter Lärche
Nutzfläche: ca. 3,75 m²
Planungs- und Baukosten: keine Angaben
Baujahr/Fertigstellung: 2008
Standort: Hausgarten bei Prag/Tschechien

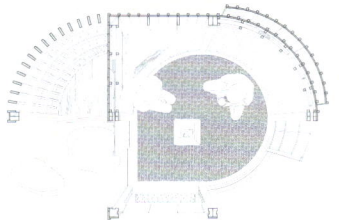

Perspektivischer Grundriss

— 0 ___ ___ 2 m

Rechts oben: Die Nachtansicht zeigt den
Gegensatz zwischen dem hellen Inneren und
der dunklen äußeren Hülle mit der Fassade
aus angekohltem Holz besonders deutlich.

Rechts unten: Unter dem als Vordach
fungierenden, geöffneten Klappladen dient
eine bambusgedeckte Bank als Ruheplatz
im Freien.

Häuschen am See

Rückzugsort im Wassergarten

Perspektivischer Grundriss

0   2,5 m

Das ausgedehnte Areal eines natur-nahen Gartens, der an einen Kiefern-wald grenzt, wird von einem S-förmig angelegten See bestimmt. Um den Ausblick adäquat auskosten zu können, wünschten sich die Besitzer von den Architekten Lenka Kremenova und David Mastalka ein Gartenhaus oder einen Pavillon mit großer Aussichtster-rasse. Sie erdachten einen von Weitem unspektakulär wirkenden und auch durch sein Gründach harmonisch in die Umgebung eingebetteten, im Detail sorgfältig ausgearbeiteten Pavillon, der nicht zuletzt von der farblichen Zwie-sprache von hellem, unbehandeltem und dunklem, angekohltem Holz lebt. Etwa eineinhalb Meter über die Was-serfläche aufgeständert, ermöglichen die vollständig überdachten Terrassen nicht nur einen wunderbaren Ausblick nach drei Seiten, sondern einen auch bei schlechterer Witterung angeneh-men Aufenthalt. An einer Außenseite wurde eine »schwebende« Bank an das Haus angedockt, die einen Sitzplatz beim steinernen Wasserbecken bietet. Den hinteren, introvertierteren Teil des Bauwerks nimmt ein Teehausbereich ein, der durch eine runde Dachöffnung sanftes Licht bekommt; in diesem »Himmelsauge« ist übrigens auch ein Winkel mit einer daran befestigten Schnur montiert, an der wiederum eine Teekanne hängt. Diese wird in eine zentral im Teehausbereich gelegene Bo-denvertiefung abgelassen. Eine weitere Reminiszenz an japanische Traditionen, hier die *tokonoma* genannte Nische für Blumen und Kalligrafien, sind drei in die Lehmwand eingelassene Bambusvasen. Darüber, in der Kuppel, zieht ein kunst-voll von Hand geknüpftes Sisalgeflecht den Blick auf sich und richtet diesen nach oben, in den Himmel.

Rechte Seite: Symmetrisch-asymmetrisch: Westansicht des über dem See thronenden Teehauses

A1 architects
Ausführung: Vojtech Bilisic

Linke Seite: Detail der Leistenfassade aus angekohltem Holz und der lärchengedeckten Veranda-Terrasse

Rechts oben: Die außen »angedockte« Bank wird von einem Vordach geschützt.

Rechts unten: Blick in die Kuppel mit dem Sisalgeflecht und dem Lichtauge

Wichtiges in Kürze

Funktion: Pavillon/Gartenhaus für das Naturerleben und den temporären Aufenthalt
Bauweise: Holzkonstruktion aus Eiche auf Natursteinfundamenten, Wände in Lehmbauweise mit Lehmputz, Fassade aus angekohlter Lärche, Bodenbeläge aus unbehandelter Lärche, Flachdach extensiv begrünt
Nutzfläche: ca. 13,5 m² (Teehausbereich 3,5 m², Terrassen 10 m²)
Planungs- und Baukosten: keine Angaben
Baujahr/Fertigstellung: 2011
Standort: Großer Garten bei Česka Lípa/Tschechien

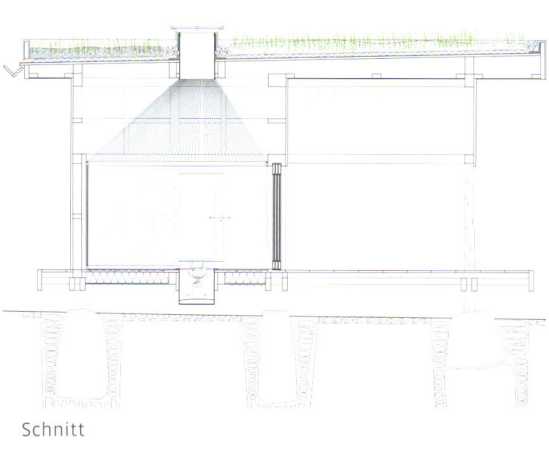

Schnitt

0   2,5 m

Linke Seite: Blick vom Platz der Teezeremonie zum See. Die Teekanne ist an einem Sisalstrick befestigt, die Eintiefung für die Teekanne mit Stahlblech ausgekleidet.

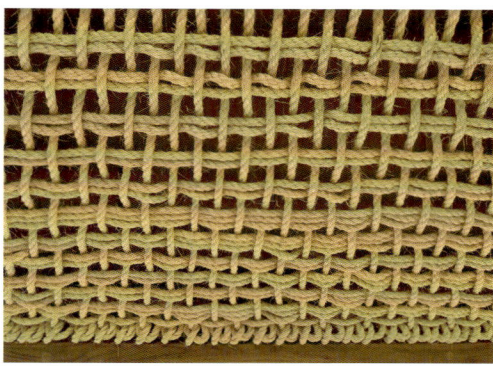

Aufbewahren mit Stil

Gerätehausanbau in klarer Form

Gute Planer wissen, dass Nützliches und Funktionales durchaus schön sein kann, ja muss. Entsprechend diesem Credo hat die Landschaftsarchitektin Irene Alberts für ein Reihenendhaus ein Gerätehaus entworfen, das sich in seiner Gestaltung an die Architektur anpasst und zu einer überzeugenden Qualität findet. Zur Lagerung von Gartenwerkzeug, Fahrrädern und einem Kajak genutzt, erscheint der Schuppen mit seiner ruhigen, weiß-dunkelgrünen Farbgebung, der klaren Fassadeneinteilung und den hochwertigen Details wie ein Bestandteil des Hauptgebäudes, an das er angebaut ist.

Um sowohl das Werkzeug als auch die Fahrräder bequem entnehmen zu können, ohne dass etwas umgestellt werden muss oder durcheinandergerät, wurden zwei Türen in die Holzständer-konstruktion eingebaut – eine für den fahrbaren Untersatz an der straßen-zugewandten Giebelseite, eine auf der zum Garten orientierten Traufseite. Vier schmale Festverglasungen gewährleisten eine gute Belichtung. Raumhöhen von über zwei Metern erlauben es, sich ungehindert in dem Gerätehaus zu bewegen.

Irene Alberts Landschaftsarchitektin

Abschirmen und Einbinden

Carport und Geräteschuppen als Teil der Gartenarchitektur

Wenn es möglich ist, Kleinbauten in ein architektonisches Gesamtkonzept einzubinden, können sie neben ihrem unmittelbaren Zweck weitere Funktionen erfüllen. Der Architekt Joachim Pies hat bei der Planung seines eigenen Hauses Geräteschuppen und Carport so platziert, dass sie zum einen das Wohnhaus zur Straße hin abschirmen und zum anderen als gestalterische Elemente der Gartenplanung wirken. Neben der Bepflanzung bilden an der südöstlichen Grenze zum Nachbarn

fünf Bügel aus verzinktem Stahl eine visuelle Abgrenzung; zwei von ihnen dienen dabei als Tragwerk für einen multifunktionalen Schuppen, in dem neben Geräten und Werkzeugen auch die Fahrräder abgestellt werden. Ein separates Abteil mit einem Fassungsvermögen von bis zu drei Kubikmeter dient als Pelletlager. Sägeraue, natürlich vergrauende Leisten aus Lärchenholz bilden die filigrane äußere Hülle. Beim Carport, der an der nördlichen beziehungsweise nordwestlichen

Grundstücksgrenze platziert ist, wurde die Brettstapeldecke über dem Erdgeschoss vorgezogen und bildet nun die Dachkonstruktion des Carports. Unmittelbar gekoppelt sind der Windfang und der Technik-/Hauswirtschaftsbereich.

Links und rechte Seite: Carport und Gerätehaus schirmen Haus und Garten zusammen mit dem Bambusgürtel zur Straße hin ab.

arch zwo/Joachim Pies

24

Der Carport umfasst auch den mit Makrolon-Platten verkleideten Eingangsvorbau, der als Windfang und Garderobe dient.

Grundriss

Wichtiges in Kürze

Funktion: Geräte-/Fahrradschuppen mit Pelletlager und Carport
Bauweise: Stahl-Holz-Konstruktion (Schuppen), Holzständer-konstruktion (Carport), Verschalung mit Lärchenholzleisten bzw. Makrolon-Platten
Nutzfläche: Geräteschuppen ca. 12 m², Carport ca. 19 m²
Planungs- und Baukosten: keine Angaben
Baujahr/Fertigstellung: 2008
Standort: Hausgarten in Kenzingen/Baden-Württemberg

Oben: Im Materialkontrast zum Windfang ist
das Gerätehaus/Pelletlager mit unbehandelten,
sägerauen Lärchenholzleisten verschalt.

Links: Die einfach konstruierte Tür ist mit
OSB-Platten beplankt.

Dynamik und Intimität

Carport-Gartenhaus mit Mehrwert

Wird ein Wohnhaus nahe einer frequentierten Straße errichtet, so muss eine ruhige und intime Situation geschaffen werden. Heidi Pretterhofer und Dieter Spath lösten diese Problematik bei einem Wohnhaus in Graz, indem sie zwischen Gebäude und öffentlichem Raum einen lang gestreckten Schuppen mit Carport anordneten. Filigran und dynamisch in der Erscheinung, bildet das Kleingebäude einen Riegel, der einen intimen Gartenbereich entstehen lässt und sowohl direkte Einblicke als auch Lärm ausblendet oder zumindest stark vermindert. Unter dem Dach des Carports ist Platz für zwei Fahrzeuge,

die Verbindung zum Hauptgebäude stellt ein ungewöhnlich geformtes Dach dar, in dessen Schutz man trockenen Fußes zum Haus gelangt. Das Schuppendach sammelt das gesamte Niederschlagswasser von Haupt- und Nebengebäude und beherbergt die Photovoltaik-Anlage. Der Schuppen weist drei voneinander getrennte, vielfältig nutzbare Abteile für Geräte, Werkzeuge, Freiraummöbel und Fahrräder auf. Die Stahl-Holz-Konstruktion besitzt Wände aus witterungsbeständigem, unbehandeltem Kreuzlagenholz, die zum Garten hin geöffnet und ablesbar strukturiert sind.

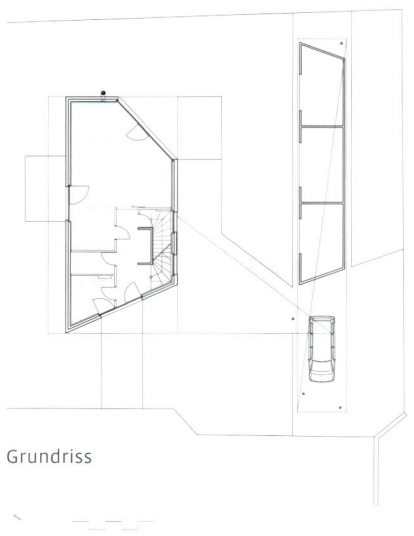

Grundriss

Wichtiges in Kürze

Funktion: Schuppen für Geräte, Werkzeug und Fahrräder, Carport, Photovoltaik-Station, Sicht- und Lärmschutz
Bauweise: Holz-Stahl-Konstruktion
Nutzfläche: Schuppenbereich ca. 40 m², Carport ca. 25 m²
Planungs- und Baukosten: keine Angaben
Baujahr/Fertigstellung: 2010
Standort: Hausgarten in Graz/Österreich

Rechte Seite oben und unten links: Der lang gestreckte, in drei Abteile untergliederte Schuppen fungiert als Gartenbegrenzung und Barriere zur Straße. Jeweils rechts im Bild der Carportbereich.

Rechte Seite unten rechts: Ansicht des Gartenhauses/Carports von der Straße

Arquitectos ZT/Heidi Pretterhofer und Dieter Spath

Klare Komposition mit hohem Nutzfaktor

Individuelles Geräte- und Abstellhaus

Gerade wenn es darum geht, guter zeitgemäßer Wohnarchitektur ein in Form und Materialität passendes Pendant an die Seite zu stellen, sind die meisten Angebote aus den Gartenhaus-Katalogen keine befriedigende Alternative. Der Entwurf von Thomas Brunsch stellt dagegen auch anspruchsvollste Bauherren zufrieden und passt ausgezeichnet zu moderner Architektur, steht aber auch schönen Altbauten gut zu Gesicht. Rechteckige Betonfertigteilwände und Doppelflügeltüren in einer Holz-Metall-Konstruktion bestimmen das klare äußere Erscheinungsbild des Geräte- und Abstellhauses, das durch Leichtbauwände aus OSB-Platten in zwei etwa gleich große Abteile untergliedert ist. So lassen sich Gartengeräte, Werkzeug und Substrate getrennt von sommerlicher Bestuhlung, Polstern und anderen Textilien aufbewahren, oder aber es kann ein eigener Fahrrad-Parkplatz untergebracht werden.

Während die Außenflächen der beiden langen Seiten überwiegend aus quadratischen Betonplatten besteht, sind die Eingangsbereiche mit senkrechten, auf Abstand gesetzten Fichtenholzleisten beplankt, sodass das schlicht kubische Bauwerk durch spannungsvolle Struktur- und Materialunterschiede wirksam aufgewertet wird. Oberhalb der Türen beginnend, akzentuiert ein allseitig umlaufendes Band aus Holzleisten den Attikabereich. Das Häuschen korrespondiert in seiner Modernität mit dem Open-Air-Grillkamin, der dem Sitzplatz zugeordnet ist.

Rechte Seite oben: Betonplatten und Holzleisten-Elemente bilden eine Einheit und wirken modern.

Wichtiges in Kürze

Funktion: Geräte- und Abstellhaus
Bauweise: Mischkonstruktion aus Stahl, Betonfertigteilplatten und Holz (Dachkonstruktion), Attika- und Türverschalung in Fichte, Innenausbau (Trennwand) mit OSB-Platten, Betonplatten als Bodenbelag, Flachdach extensiv begrünt
Nutzfläche: ca. 32 m² (8 x 4 m)
Planungs- und Baukosten: ca. 10.000 €
Baujahr/Fertigstellung: 2009
Standort: Hausgarten in Berlin

Rechte Seite unten links: Fassadendetail

Rechte Seite unten Mitte: Das Abstellhaus bietet reichlich Stauraum in eigenen Fahrrad- und Geräte-Bereichen.

Rechte Seite unten rechts: Zusammen mit dem in Betonbauweise errichteten Grillplatz ergibt sich ein geschlossenes Bild.

Landschaftsarchitekt Thomas Brunsch

Wie wild gewachsen

Ein Gartenhaus abseits der Norm

Kai Schaede und Meike Wachholz arbeiten mit Holz und Farbe. Allerdings machen sie daraus Dinge, die nicht in gängige Konzepte passen und manche Sehgewohnheit auf die Probe stellen. Wem die Arbeiten aber gefallen, der bekommt ein vielleicht auf den ersten Blick vogelwildes, aber immer individuelles und durchaus funktionales Gartenhaus. Dass bei den Schöpfungen des Teams von Casa Kaiensis alles schief und krumm zu sein scheint, gehört zum Programm. Denn nach Auffassung der beiden Planer dürfen und sollen Gartenhäuser vor allem die Fantasie beflügeln und Träume sichtbar machen; Assoziationen zu den Hexenhäusern im Märchen sind daher keineswegs zufällig.

Dabei wird man hinsichtlich Design und Konstruktion eher von nordamerikanischen als von hiesigen Vorbildern beeinflusst. Alle Modelle, die auf Wunsch auch selbst zusammengebaut werden können, sind genau geplant und vom Statiker geprüft, von windschiefen Hütten kann daher keine Rede sein. Auch das hier gezeigte Beispiel scheut nicht das formal Unerwartete und verbindet dies mit respektablem Nutzwert. Ungeachtet der schräg aufgehenden Außenwände bietet das Häuslein im Innenraum insgesamt sogar mehr Volumen als lotrechte Konstruktionen; Türen und Fenster öffnen und schließen exakt, und auch die sich in der Neigung an die des Daches anpassende Gaube sitzt fest auf der Unterkonstruktion.

In harmonischen Blau- und Rottönen lasiert, unterstützt die Farbgebung den Charakter der Architektur, ohne kitschig zu wirken. Historische Bauteile wie die Halterungen des Balkonkastens oder wiederverwendete Fenster passen bestens ins Bild. Ja selbst der Buchs-Garten vor dem Haus vervollständigt die gestalterische Harmonie, lässt er sich doch hier entgegen seiner sonstigen Gewohnheit nicht in einen rechten Winkel pressen.

Wichtiges in Kürze

Funktion: Gartenhaus variabler Größe für das Naturerleben und den temporären Aufenthalt, für die Aufbewahrung von Geräten etc.
Bauweise: Holzrahmen-/Ständerkonstruktion, Plattform auf Pfahlgründung, Fassade aus Fichtenholzbrettern, Dach mit Kanadischen Rotzedernschindeln
Nutzfläche: wie abgebildet ca. 17,5 m²
Planungs- und Baukosten: 25.000 €
Baujahr/Fertigstellung: 2011
Standort: Hausgarten bei Herford

Rechte Seite: Märchenhaus vom Fachmann: Bei fantasievoller Gestaltung ist dieses Haus nicht nur sorgfältig konstruiert, sondern durch seine Materialien wie wetterbeständigen Rotzedernschindeln, Isolierglasscheiben und hochwertigen Farben auch für eine lange Lebensdauer gemacht.

Casa Kaiensis/Kai Schaede und Meike Wachholz

Multitalent im Rhythmus der Landschaft

Moderner Gartenpavillon zum Wohnen, Kochen, Essen, Aufbewahren

Die Bewohner eines Einfamilienhauses bei Genf wünschten sich für ihr großes und steiles Hanggrundstück einen im Charakter intimen Pavillon, der nicht so sehr den Ausblick, sondern das Leben im und mit dem Garten unmittelbar erfahrbar machen und dabei verschiedenste Funktionen erfüllen sollte. Die Entwurfslösung von Dreier Frenzel Architecture + Communication nahm Abstand von traditionellen Formen des Pavillons und präsentierte den Bauherren stattdessen eine getreppte kubische Gartenskulptur in Sichtbetonbauweise. Sind die Klappschiebeläden geschlossen, entsteht der Eindruck dreier aneinandergedockter Betonwürfel. Die drei modularen Einheiten sind durch große Öffnungen miteinander

verbundenen. In jedem Modul befindet sich eine der gewünschten Funktionen: Wohnen/Essen, Kochen und Lagerraum für Gartengeräte. Die Würfel schieben sich mit ihren separat gegossenen Bodenplatten auf ihren unterschiedlichen Niveaus treppenartig den Hang hinauf, zeichnen so das Gelände nach und lassen das Erdreich überwiegend unversiegelt. Ein Flachdach fungiert als verbindendes Element. Eine betonierte Grillstelle mit Rauchabzug dient in der Freiluftküche als Herd, wandmontierte Regalkästen aus Holz erlauben die Einlagerung von Küchengeräten und Töpfen. Silberglänzende, unauffällige Treppen aus doppelt abgekantetem Tränenblech sorgen für einen komfortablen Zugang. Der bei den Bauarbeiten

geschonte Apfelbaum hat die Rolle des Hausbaums übernommen, seine Früchte können fast direkt vom Pavillon aus gepflückt werden.

Rechte Seite: Abendliche Ansicht des Pavillons mit seinen drei »Abteilen« und geöffneten Faltschiebeläden

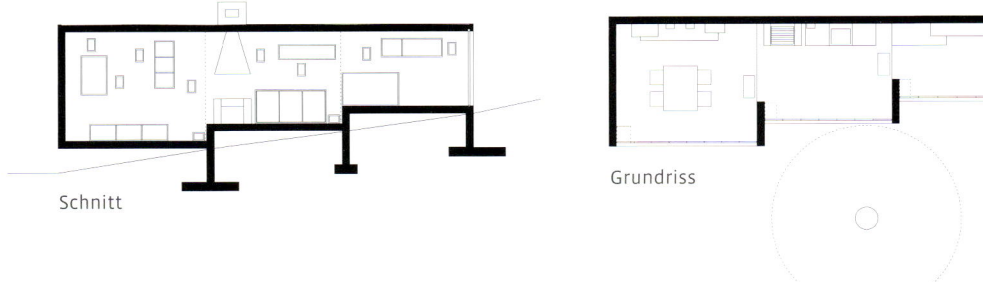

Schnitt

Grundriss

Linke Seite: Moderne Symphonie in Weiß und Hellgrau: Blick in die Küche mit integriertem Rauchabzug

Oben: Der Höhenunterschied von Koch- zu Wohnbereich vollzieht die Topografie nach und schafft innenräumliche Spannung.

Wichtiges in Kürze

Funktion: Pavillon/Gartenhaus mit Wohn- und Esszimmer,
Küche und Geräteraum
Bauweise: Stahlbeton-Konstruktion, Klappschiebeläden
und Innenausbau in Eiche geweißt, Flachdach
Nutzfläche: ca. 32 m²
Planungs- und Baukosten: ca. 70.000 CHF
Baujahr/Fertigstellung: 2009
Standort: Hausgarten am Hang bei Genf/Schweiz

Linke Seite: In geschlossenem
Zustand zeigt sich der Pavillon
als kubischer Monolith.

Rechts: Blick vom Wohnhaus zum
Gartenpavillon

Rechts: Betonwand und Holz-
schiebeelement in nuancierter
Material- und Farbabstimmung

Entspannen und Arbeiten am Waldrand

Gartenhaus im Holzstapel

Auch Kleinbauten im Garten brauchen nicht auf überraschende und kreative Momente zu verzichten, wie das von dem Designer und Künstler Piet Hein Eek entworfene Studiohäuschen zeigt. Gleichsam eine gebaute Trompe-l'Œil-Skulptur, täuscht das Gartenhaus vor, ein Holzstapel zu sein, wie man ihm bei Waldspaziergängen begegnet. Beim Nähertreten erkennt der Betrachter anhand der Öffnungen jedoch, dass dieses Objekt offenbar ein Innenleben hat – das aber keineswegs, wie es zunächst scheint, aus dem Holzstapel herausgesägt wurde; vielmehr sind die auf den vier Seiten sichtbaren Baum-scheiben beziehungsweise längs durchgesägten Baumstämme im wahrsten Sinne nur Fassade, hinter der sich ein ebenso kreatives Innenleben verbirgt: Hier residiert zeitweise der Besitzer, ein Musiker, der an dem in mehrfacher Hinsicht naturnahen Ort am Waldrand die nötige Ruhe zum Entspannen wie auch zum Komponieren findet.

Die kontemplativ-konzentrierte Atmosphäre wird durch den eisblauen Innenanstrich unterstützt, der Decke, Wände und Boden gleichermaßen in fast arktische Kühle taucht. Ein dazu farblich komplementäres Sofa im gelb-bunten Oma-Stil dient als Ruheort und zum Musizieren. Aus Massivholz- und Holzwerkstoff-Platten bestehen die eigentlichen Außenwände und der Innenausbau. Neben dem Baumstamm-Look hat der Designer noch einen weiteren Clou eingebaut: Bei Bedarf kann das Häuschen durch Räder mobil gemacht und an einen andern Ort gebracht werden!

Rechte Seite: Leben und Arbeiten am Waldrand

Links: Gelungene Mimikry: Das Holzstapelhaus in geschlossenem und geöffnetem Zustand

Oben: Ein klarer und heimeliger Raum
mit Blick in die Natur

Rechte Seite: Fassadendetail mit
geöffneten Fensterläden

Handskizzen des Gartenhauses von Piet
Hein Eek (Ansicht, Perspektiven, Schnitt)

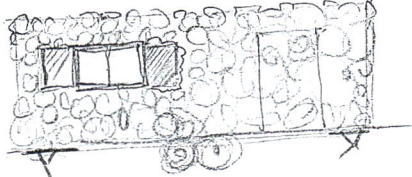
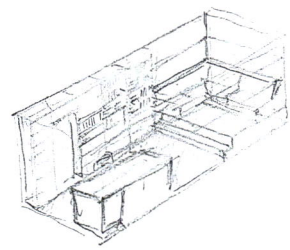

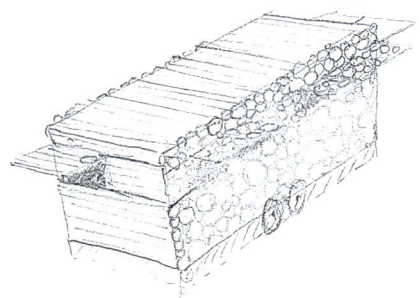
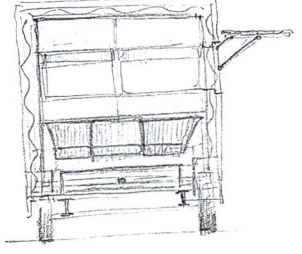

Wichtiges in Kürze

Funktion: Gartenhaus für den temporären Aufenthalt
Bauweise: Pfosten-Riegel-Konstruktion aus Holz, Beplankung und Innenausbau mit Massivholz- bzw. Holzwerkstoff-Platten, Fassade aus Baumscheiben/gesägten Baumstämmen, Flachdach, Fenster aus Stahl und Isolierglas, Wärmedämmung 13 cm
Nutzfläche: ca. 9 m²
Planungs- und Baukosten: keine Angaben
Baujahr/Fertigstellung: 2009
Standort: Hausgarten bei Hilversum/Niederlande

Wohnhöhle in luftiger Höhe

Stelzenhaus für Groß und Klein

Bauchige Formen verheißen Geborgenheit wie in einer Höhle oder einem Vogelnest, ganz so wie das hier vorgestellte kleine Gartenhaus auf Stelzen. Geschlossene Ringe aus Leimholzelementen formen den erlebbaren Raum, der vielfältig genutzt werden kann – von Erwachsenen zur Entspannung ebenso wie von Kindern zum Spielen und von allen, um einfach einmal ungestört zu sein und sich auf sich selbst konzentrieren zu können. Auch zur Meditation bietet dieser hölzerne Kokon beste Voraussetzungen. Eine drei Meter hohe Plattform ist Teil einer Tragkonstruktion aus wetterbeständigem verzinktem Stahl, die ungeachtet ihres filigranen Aussehens stabil ist sowie Wind und Wetter trotzt. Über eine steile Treppe erreichbar, fühlt sich das »Baumhaus« dem Himmel schon recht nah an und lässt den Alltag weiter weg erscheinen als auf dem Erdboden. Die großen Isolierverglasungen schützen vor Wind und ungemütlichen Temperaturen, vor allem aber inszenieren sie die Aussicht auf die Umgebung und die Landschaft. Einbauten aus Massivholz dienen etwa als Stauraum oder bilden Podeste, auf denen Matratzen zum Schlafen und zum Betrachten des Sternenhimmels ausgelegt werden können.

Wichtiges in Kürze

Funktion: Stelzenhaus für Entspannung und temporären Aufenthalt
Bauweise: Stahl-Holz-Konstruktion
Nutzfläche: ca. 10 m² zuzüglich Bänke (Außenabmessungen 3,5 x 3,88 m)
Preis brutto: ca. 34.900 €

Rechte Seite: Kühne Formgebung: Durch die filigranen Stützen wirkt die Konstruktion nahezu schwerelos.

Links: Kokonartige Geborgenheit mit wunderbarem Ausblick. In die Bänke integrierte Schubladen schaffen Stauraum. Die Bänke können auch hochgeklappt und, mit Matratzen versehen, als Betten genutzt werden.

Entwurf, Herstellung und Vertrieb: Werner Ettwein

Ein Würfel in 1000 Variationen

Gartenhaus-Konzept mit hoher Flexibilität

Mancher Gartenbesitzerin und manchem Gartenbesitzer erscheint die Suche nach einem formschönen Gartenhäuschen eher wie die Wahl des geringsten Übels. Eine Alternative zur üblichen Fertighausware stellt der Garten-Kubus des Schreiners und Planers Clemens Buck dar, dessen Unternehmen das Wort »formschön« schon im Firmennamen führt. Der gestalterische Anspruch ist Programm: klar und modern in der Form, entsteht in jedem Fall ein individuelles Bauwerk. Ausgehend vom konstruktiven Grundkonzept wird der Kubus hinsichtlich Größe, Farbe und Nutzung jeweils nach Kundenwunsch gestaltet. Für jeden der beiden Grundtypen des Kubus gibt es eigene Regal- beziehungsweise Einrichtungssysteme, darüber hinaus wird nach Bedarf geschreinert und eingebaut. Der praktische Nutzen ist vielfältig, denn neben zeitweiser Bleibe kann der Gartenkubus auch Atelier, Poolhaus, Werkzeug- oder Geräteschuppen sein. Gerade die zum Wohnen gedachten Exemplare sind im Innenraum sehr angenehm ausgestattet, mit hochwertigen Einbauten aus Holz und Oberflächen, die entweder naturbelassen bleiben oder weiß lasiert beziehungsweise gestrichen werden. Wird der Würfel als Laube, also zum temporären Aufenthalt genutzt, bieten die großen, kreisrunden Glasfenster von innen wie von außen viel fürs Auge, die umgebende Natur wird dadurch hereingeholt. Auf Wunsch wird der Kubus auch als Bausatz geliefert und kann somit von versierten Heimwerkern ohne Probleme selbst aufgestellt werden; und im Fall eines Umzugs lässt sich die reversible Konstruktion auch wieder leicht demontieren. Typ II gibt es bei Bedarf auch mit Wärmedämmung und Heizung. Und nicht zuletzt kann man aufgrund des modularen Konzepts klein anfangen und das Häuschen bei Bedarf erweitern.

Ganz links: Der Gartenkubus als idyllisches Teilzeitdomizil: Blick durch die geöffnete Tür

Links: Helle Oberflächen und Einbauten aus Holz sowie eine stimmungsvolle Belichtung machen den Innenraum angenehm und freundlich, das runde Fenster inszeniert den Ausblick.

Wichtiges in Kürze

Funktion: Gartenhaus für den temporären Aufenthalt, als Geräteraum/Fahrradschuppen, Poolhaus, Atelier etc.
Bauweise: Holzständerkonstruktion, Verschalung mit Holzwerkstoffplatten, Innenausbau mit Massivholz, Flach- oder Pultdach
Nutzfläche: von 4 bis 40 m²
Preis brutto: ab ca. 5.500 €

Linke Seite und rechts: Beispiele für weitere Gestaltungsvarianten und Nutzungen – als Fahrrad- und Geräteschuppen, als Poolhaus und als Atelier. Fassadenöffnungen und Eingang können nach den individuellen Wünschen und den örtlichen Notwendigkeiten variiert werden.

Traumvilla für die Minis

Gartenspielhaus in frischem Design

Von seinem Schöpfer Clemens Buck aufgrund des quadratischen Zuschnitts und der Bewohnergruppe liebevoll »kubi« genannt, ist das Spielhaus für die Kleinsten konzipiert, für die ein richtiges Baum- oder ein hohes Stelzenhaus noch eine Nummer zu groß und zu gefährlich ist. Das für den Selbstaufbau konzipierte Häuschen mit Seitenabmessungen (Länge/Breite/Höhe) von 1,20 beziehungsweise 1,50 Metern kann direkt auf dem Gartenboden platziert werden, ist aber auch mit einem um 50 Zentimetern erhöhten Podest und sogar mit eigener Terrasse zu haben. Auch eine Kletterkonstruktion aus Tauen und eine Innenausstattung mit praktischen Klappmöbeln sind erhältlich. Vier Bullaugen-Fenster mit bruchsicheren Plexiglasscheiben sorgen für Durchsicht, eines davon kann sogar bei Bedarf verdunkelt werden. Wie in einem richtigen Haus erfolgt der Zugang über die Vordertür. Die 20 Millimeter starken Birkensperrholzwände können entweder nach Wunsch selbst gestaltet oder in der Lieblingsfarbe geordert werden. Die reversible Montagetechnik gewährleistet, dass das Mini-Domizil bei einem Umzug jederzeit mitkommen kann.

Wichtiges in Kürze

Funktion: Spielhaus für kleine Kinder (ca. 2–5 Jahre)
Bauweise: Holzkonstruktion, Wände aus Birkensperrholz, Podeste aus pulverbeschichtetem Stahl, Pultdach, Dachdeckung aus Stahlblech
Nutzfläche: ca. 1,44–2,25 m²
Preis wie abgebildet: ab 4.180 €

Links und rechte Seite: Aufs Podest gestellt und mit eigener Terrasse versehen, fühlen sich die Kleinsten im und am »kubi« schon fast wie auf der Kommandobrücke.

Formschön Clemens Buck

Geometrie und Idylle im Kleingarten

Gartenhaus aus Kuben

Oben: Einblick durch das Küchenfenster

Während sich mancher Planer lieber nur mit »großen Würfen« befasst, pflegt der Münsteraner Architekt Norbert Frede auch die Qualität im kleinsten Detail. Sein in einem Kleingarten in Münster entstandenes Gartenhaus wirkt wie ein zeitgemäßes Bauhaus-Kunstwerk en miniature. Von oben betrachtet, ist es aus vier unterschiedlich großen »Bausteinen« zusammengesetzt. Diese Rhythmisierung des Grundrisses setzt sich in der Höhenstaffelung der Teilkörper fort – ganz nach ihrer jeweiligen Funktion: Die größten Raumhöhen hat mit 2,70 Metern das temporäre Wohn-, Schlaf- und Arbeitszimmer, während die Küche mit Sitzbereich (2,35 m) und das Geräteabteil (2,00 m) sowohl in der Höhe als auch in der Nutzfläche deutlich kleiner ausfallen.

Das Gartenhaus passt mit seiner unbehandelten, natürlich vergrauenden Lärchenholzfassade bestens in den eingewachsenen, wild-romantischen Hausgarten. Die Aufgabe war es, bei der Planung der Laube die besondere Atmosphäre des Umfelds aufzunehmen und für die Aufenthaltsqualität zu nutzen. Dies gelang mittels warmer Materialien für Fenster, Innenausbau und Mobiliar – Lärchen- und Eichenholz – sowie einer sorgfältigen Lichtplanung: Mehrere gestaffelt angeordnete, vertikale Fensterbänder belichten indirekt und zaubern Sonnenstreifen in den Raum, der Arbeitsplatz wird von einer großen quadratischen Öffnung erhellt und eine panoramaartige Flügeltür öffnet die Laube zum Garten. Den kleinen Niveauunterschied überbrückt ein großer, unregelmäßig geformter Trittstein, der sich der Natürlichkeit des Umfelds anpasst.

Rechte Seite oben: Übereckansicht der Vorderseite mit dem Eingang

Rechte Seite unten: Die Rückansicht zeigt die Staffelung der Dächer.

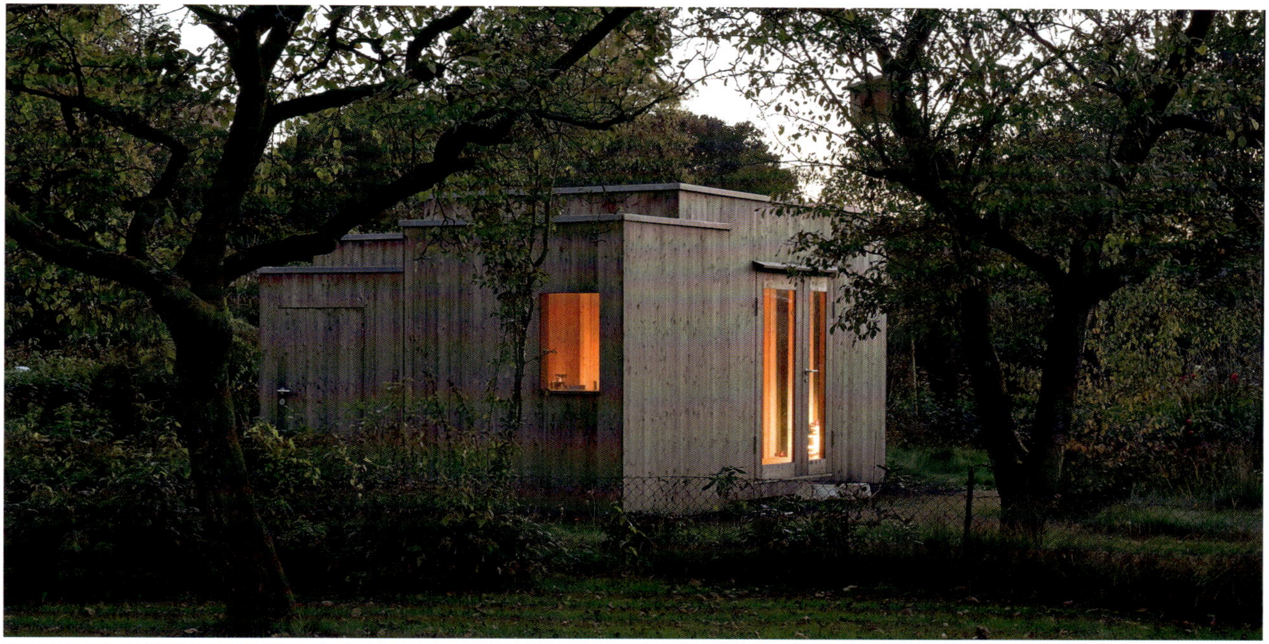

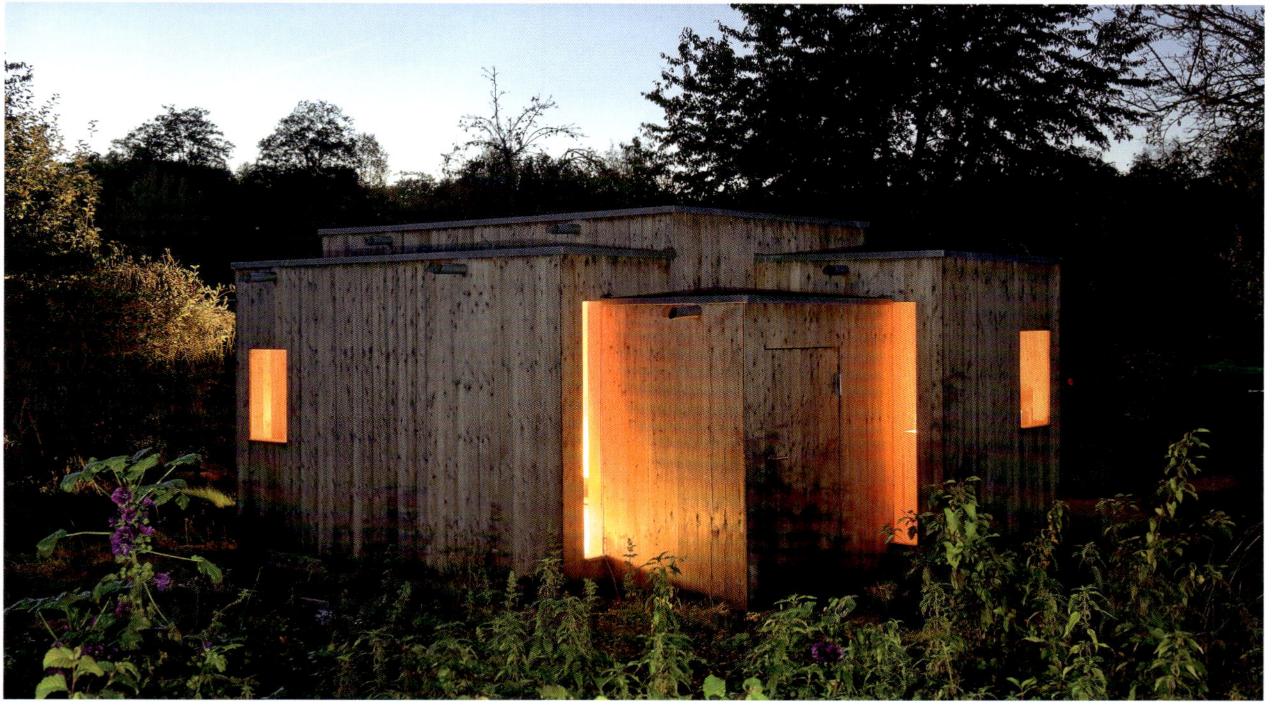

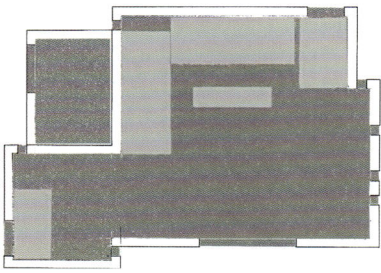

Grundriss

Oben: Innenansicht mit außergewöhnlich
gut abgestuften Belichtungs- und Fassaden-
situationen. Das Mobiliar wurde speziell für
das Gartenhaus entwickelt und hergestellt.
So wird der Platz optimal ausgenutzt.

Rechte Seite: Die Panoramascheibe lässt
das Innere mit dem Garten zusammenwach-
sen und das Haus in der Nacht leuchten.

Wichtiges in Kürze

Funktion: Gartenhaus für das Naturerleben und zum Arbeiten, Geräteabteil
Bauweise: Holzständerkonstruktion auf Punktfundamenten, Fassade aus unbehandeltem Lärchenholz, Bodenbelag aus Eiche-Massivholzdielen, Flachdach
Nutzfläche: ca. 23 m²
Planungs- und Baukosten: ca. 24.000 €
Baujahr/Fertigstellung: 2010
Standort: Kleingarten in Münster

Architektur-Kleinkunst mit Hühnerhaus

Gewächshaus mit Kleintierbox

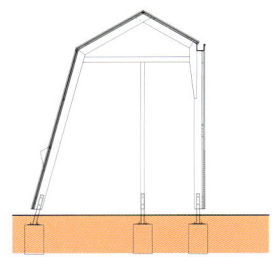

Ansicht Nordost

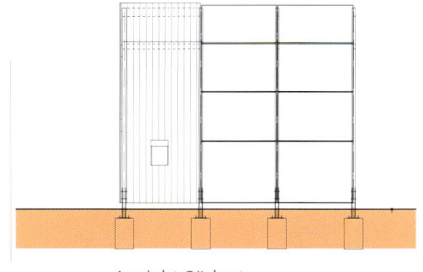

Ansicht Südost

Oft stellt sich Besitzern eines Nutzgartens die Frage, wie sie für die Pflanzenanzucht eine gestalterisch ansprechende und gleichzeitig funktionale Lösung aussehen könnte. In diesem Fall kam noch die Anforderung hinzu, eine Behausung für das Federvieh zu integrieren. Die Landschaftsarchitekten Elisabeth Gruber und Alexander Haumer erdachten dafür ein ebenso ansehnliches wie praktisches Häuschen, das auf zwei Dritteln der Gesamtfläche einen verglasten Teil für die Anzucht von Tomaten und anderem Gemüse aufweist. Auf der restlichen, schattigen Fläche ist eine Box für die Hühner untergebracht. Das ungleichmäßige Satteldach ist auf die optimale Ausnutzung der Sonnenstrahlen hin ausgelegt, die Firsthöhe so gestaltet, dass man ungeachtet der beschränkten Fläche von knapp 10 Quadratmetern gut darin stehen und sich bewegen kann. Der Zugang erfolgt über eine giebelseitige Glastür. Der offen gehaltene Boden ist durch ein bis zur Verbretterung hochgezogenes Drahtgeflecht vor unerwünschten tierischen Eindringlingen geschützt, sodass gefiederte wie »beblätterte« Bewohner in Ruhe gedeihen können.

Rechte Seite: Die nach Südosten geneigte Gartenseite des Gewächshauses wird von einem alten Apfelbaum beschattet und so vor Überhitzung bewahrt.

Wichtiges in Kürze

Funktion: Gewächs- und Hühnerhaus
Bauweise: Holzständerbau aus Fichte auf Punktfundamenten,
Wände einfach/doppelt verbrettert bzw. verglast, Dach verbrettert
bzw. verglast, Gewächshaustür in Nurglasausführung, Verglasungen
mit Aluminiumdeckprofilen, Betonplatten unter Hühnerbox
Nutzfläche: ca. 10 m²
Planungs- und Baukosten: keine Angaben
Baujahr/Fertigstellung: 2009
Standort: Garten in Schruns/Vorarlberg, Österreich

Links: Das Gewächs- und Hühnerhaus von
oben – als »Raumteiler« zwischen Garten
und Parkplatz

Links unten: Das Innenleben mit Hühner-
stall und wärmeliebenden Nutzpflanzen
wie Tomaten

Rechte Seite oben: Der auch ästhetisch
gelungene Nutzgarten liefert neben Tomaten aus dem Gewächshaus und Äpfeln
vom »Hausbaum« auch vielerlei weiteres
Gemüse, Salat und Blumen für die Vase.

Rechte Seite unten: Das Häuslein kurz
nach Fertigstellung. Gut zu erkennen ist
die nordseitige Bretterwand.

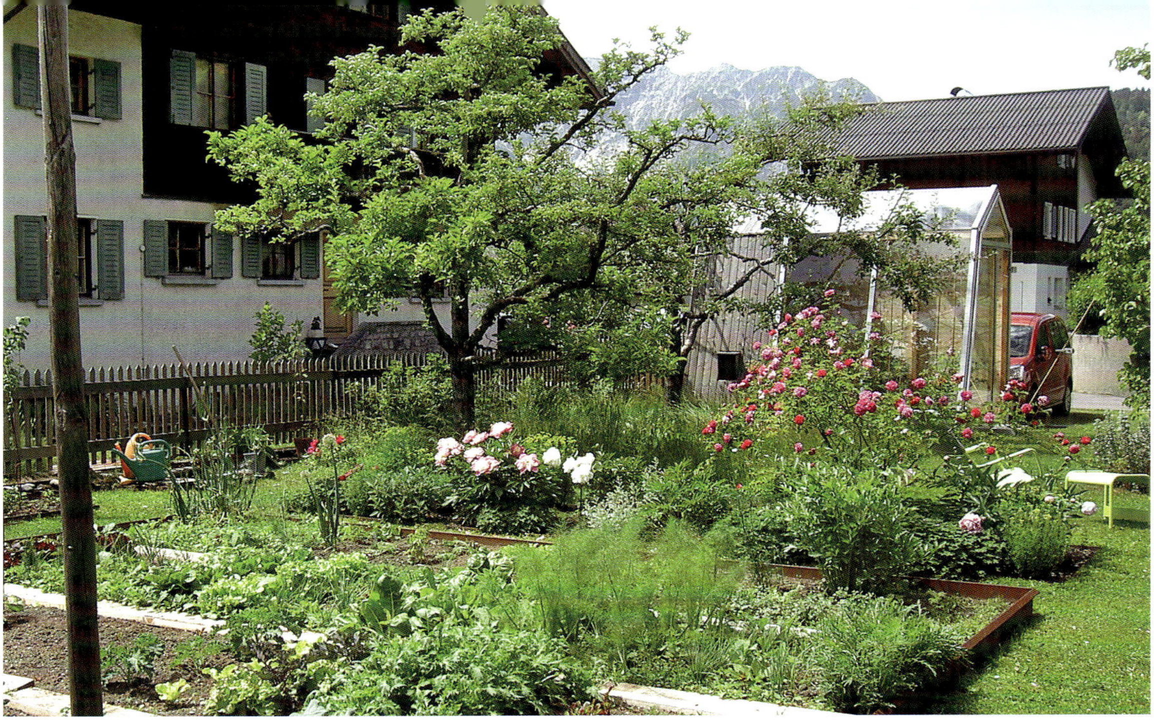

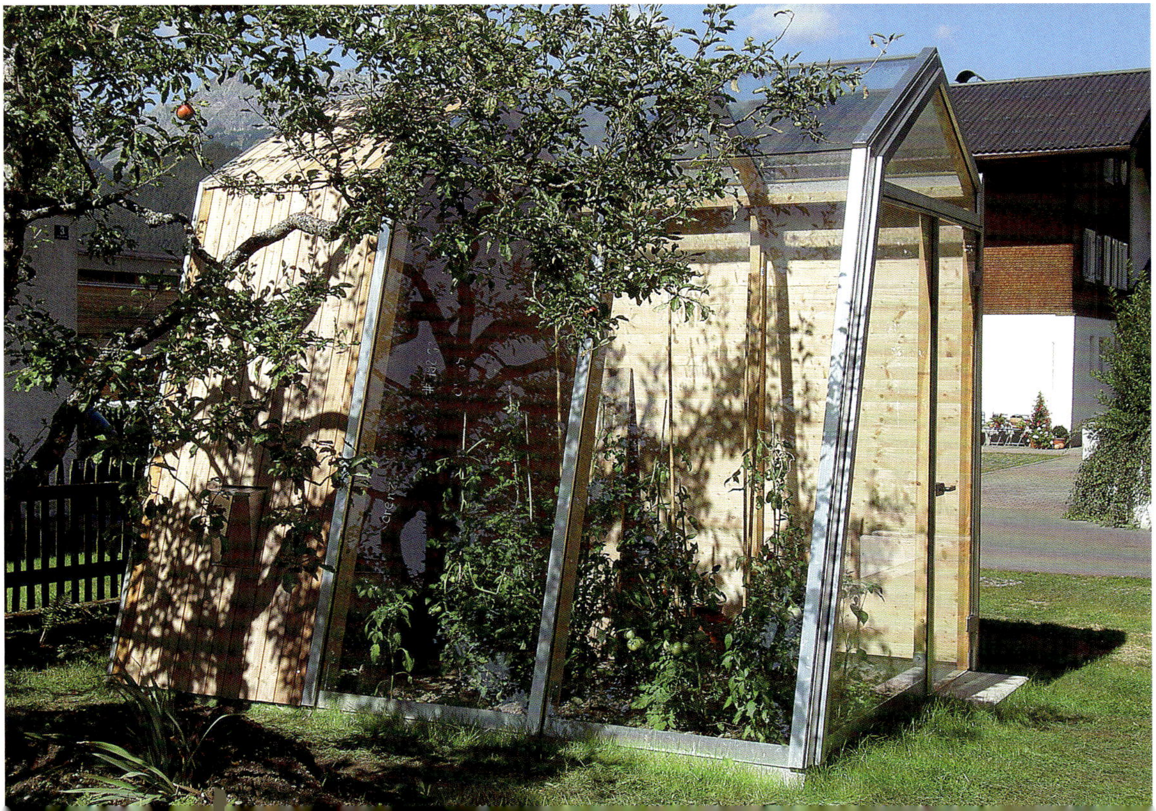

Multifunktional und filigran

Geräteschuppen, Pergola und Holzlege als stimmige Gesamtlösung

Nur selten gelingt es wirklich, bei der Auswahl des Gartenhauses Nützliches und Schönes unter einen Hut zu bringen. Hier überzeugt jedoch gerade die Tatsache, dass zwei reine Aufbewahrungs-»Boxen« für Werkzeuge und Maschinen sowie ein kleiner Werkstattbereich in eine optisch sehr ansprechende Hülle gekleidet wurden. Dies gelang durch die filigrane Konstruktion einer Pergola, die auf schmalen Vierkantstützen aus verzinktem Stahl ruht und mit zurückhaltend dimensionierten Pfetten und Sparren aus Konstruktionsvollholz

(KVH) aus Gebirgslärche gedeckt ist. Der leichte Eindruck verstärkt sich noch dadurch, dass die Pergola optisch über die Schuppen hinausragt und so ein Überstand von etwa 40 Zentimetern bleibt.
Die kleinere der Boxen ist durch eine außenbündig in die Wand gesetzte Massivholztür von Norden zugänglich, die größere besitzt ein Doppelflügeltor, das auch die Einfahrt mit größeren Maschinen oder die Einlagerung sperriger Gegenstände erlaubt. Unter dem Dachüberstand nach Norden und

Süden konnten noch Holzlegen eingerichtet werden. Am östlichen und am westlichen Ende des Bauwerks stehen zwei Sitzplätze zur Verfügung, die am Morgen als Frühstücksplatz und am Abend zum Essen oder zum Genießen des Sonnenuntergangs dienen. Um im Stil des naturnahen Gartens zu bleiben, wurden die Sitzplätze nicht gepflastert.

Rechte Seite: Die Pergola-Gartenbox bildet den Abschluss des Gartenraums zur Umgebung.

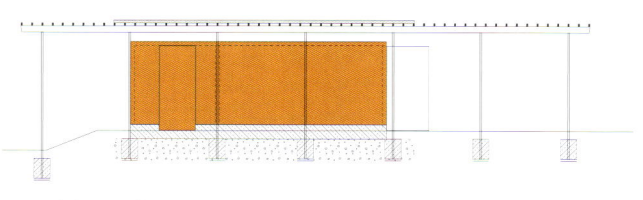

Ansicht Nord

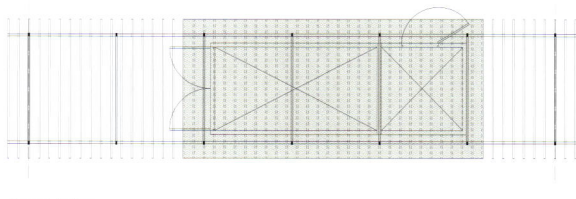

Grundriss

Oben: Die Konstruktion wirkt nicht zuletzt
durch die schlanken Stützen und das ab-
gehobene Dach sehr filigran. Lichtbänder
in der Nordfassade sorgen im Inneren der
Boxen für Helligkeit.

Unten: Das großzügig dimensionierte
Tor mit der darüber auskragenden
Pergola

Unten: Blick auf Garten und Pergolahaus
von Süden

Wichtiges in Kürze

Funktion: Geräteaufbewahrung, Sitzplätze unter der Pergola
Bauweise: Holzmassivbau aus Brettschichtholz, Dachkonstruk-
tion Pergola mit Pfetten und Sparren, Pultdach über Boxen mit
Zinkblech gedeckt, Boxen auf Fundamentplatten, sonst keine
Bodenbeläge
Nutzfläche: unter Pergola ca. 10 m², Boxen 8,4 m² und 4,2 m²
Planungs- und Baukosten: keine Angaben
Baujahr/Fertigstellung: 2009
Standort: Hausgarten in Schlins/Vorarlberg, Österreich

Zwei aus einem Guss

Spielhaus für Kinder und Geräteschuppen

Das Spielhaus mit der fest montierten Leiter zum »Oberdeck«

Dass kindgerecht nicht kindisch daherkommen muss, zeigen die Bauherrin Katja Hass und der Berliner Landschaftsarchitekt Thomas Brunsch mit ihrem Entwurf eines Spielhauses für die Kinder, das einen Aufenthaltsraum und sogar eine Dachterrasse besitzt. Der Zugang zum luftigen Ausguck erfolgt über eine eingangsseitig angedockte Leiter, das Oberdeck des kleinen Turms ist durch eine im Baustil passende Brüstung abgeschlossen. Im »Kinderzimmer«, das über eine einfache Holztreppe erschlossen ist, bietet ein Stockbett genügend Platz für sommerliche Übernachtungsabenteuer. Und dank der Tatsache, dass die Plattform des Kleingebäudes auf etwa 1,5 Meter hohen Stützen ruht, steht darunter viel Platz für die Lagerung von Spielsachen zur Verfügung.

Gleich nebenan befindet ein im Stil passendes Gerätehaus, das die Planer in der gleichen Bauweise mit Holzstützen und horizontaler, gut rhythmisierter Bretterverschalung, einem weißen Außenanstrich und unter Einsatz vieler wiederverwendeter Bauteile gestaltet haben. Insbesondere bei den filigranen Sprossenfenstern und den Eingangstüren handelt es sich um gebrauchte Materialien, die mitsamt den vorhandenen Beschlägen eingebaut wurden und eine ruhige Fassadengestalt mit individueller Formensprache ergeben.

Wichtiges in Kürze

Funktion: Kinderspielhaus, Gerätehaus
Bauweise: Holzkonstruktion aus Fichte auf betonierten Punktfundamenten; Wände mit Seekiefer verschalt, weiß gestrichen; Innenausbau in Lärche unbehandelt; Flachdach extensiv begrünt
Nutzfläche: je ca. 9 m² (3 x 3 m)
Planungs- und Baukosten: ca. 4.000 €
Baujahr/Fertigstellung: 2010
Standort: Hausgarten in Berlin

Entwurf: Katja Hass
Ausführungplanung und technische Ausführung: Landschaftsarchitekt Thomas Brunsch

Oben: Unterschiedliche Sprossen-
fenster-Formate geben dem kubischen
Geräteschuppen eine witzige Note.

Ganz links: Einblick ins Spielhaus
mit Schlafgelegenheit

Links: Geräte- und Spielhaus als
gestalterisches Duo

Arbeiten im eigenen Garten

Kompakte Erweiterung aus Holz für Büro und Praxis

Familien, bei denen beide Ehepartner ihren Beruf zu Hause ausüben, stehen häufig vor der Frage der räumlichen Anpassung der Wohnung oder des Hauses. In diesem Fall wurde die Erweiterung einerseits für ein Büro, andererseits für eine homöopathische Praxis benötigt. Die zunächst erwogene Lösung eines Anbaus verwarf man nach der Diskussion mit dem Architekten: Marcus Hofbauer überzeugte die Bauherren davon, dass es für die Ehepartner selbst wie auch für die Patienten klare Vorteile brächte, den kleinen Neubau separat im Garten zu errichten. Die Entscheidung dafür haben die Bauherren nicht bereut, denn die räumliche Trennung fördert die Arbeitsatmosphäre genauso wie das Familienleben; die Einbettung des Baus zwischen Rasen und Bäumen fördert die Kreativität und die Entspannung.

Auch die Architektur spiegelt diese Naturnähe wider, denn das Gartenhaus wurde als gedämmte Holzständerkonstruktion mit einer Verschalung aus unbehandelter Lärche errichtet.

Das scheinbar über dem Terrain schwebende Holzdeck, das sich zu Brüstung, Seitenwand und Vordach faltet und das Büro mit einschließt, ist ebenfalls ganz in Lärche gehalten. Eine signalrote Tür bildet den lebhaften Kontrast zum Braun beziehungsweise späteren Grau der Holzoberflächen und weist schon von Weitem den Weg zum Eingang. Der nach Süden hin komplett verglaste und somit deutlich größer wirkende Raum ist zu gleichen Teilen in Büro- und Praxisnutzung unterteilt, eine Glasschiebetür ermöglicht die vollständige Trennung der Bereiche. Die Rückseite des Raums ist mit einem durchgehenden Regal versehen und bietet damit viel Staufläche für Literatur und Arbeitsmaterialien.

Links oben: Überdachter Terrassenbereich mit großflächiger Verglasung nach Süden. Im Hintergrund das Wohnhaus

Links unten: Das Gartenhaus wird über einen Treppenblock aus schwarzem Ortbeton erschlossen.

Rechte Seite: Das Gebäude öffnet sich zum Garten und scheint über dem Rasen zu schweben.

Marcus Hofbauer Architekt BDA

Wichtiges in Kürze

Funktion: Gartenhaus für Büro- und Praxisnutzung
Bauweise: Tragkonstruktion aus verzinktem Stahl, Wände in Holz-
ständerkonstruktion gedämmt, Verschalung/Fassade mit senkrechten
Lärchenholzlatten, Terrasse und Brüstung in Lärche
Nutzfläche: ca. 14 m² (3,00 x 4,80 m) zuzüglich ca. 15 m² Terrasse
Planungs- und Baukosten: ca. 53.000 €
Baujahr/Fertigstellung: 2006
Standort: Hausgarten bei Mainz

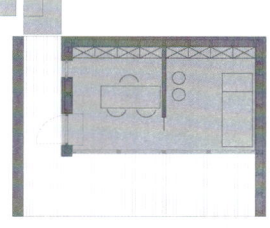

Grundriss

Metallene Raumkunst

Carport mit Fahrrad- und Geräteabteil

Neben dem zumeist verwendeten Werkstoff Holz bietet auch Stahl interessante gestalterische Möglichkeiten für die Konstruktion von Kleingebäuden. Javier Horrach vom angesehenen Schaffhausener Büro Oechsli + Partner hat im Zuge seines eigenen Hausumbaus eine skulpturale Reihung von Stahlplatten geschaffen, in die der Autostellplatz mitsamt Abstell- und Fahrradabteil einbezogen wurde.

Das Traggerüst besteht – wie auch bei der Garteneinfriedung, deren Elemente um die Mittelachse gedreht werden können –, aus witterungsbeständigem verzinktem Stahl. Fünf Joche aus U-Profilen, die statische Funktionen und die Entwässerung übernehmen, bilden das Gerüst des Autounterstands. Die unbehandelten Stahltafeln der Außenhaut dürfen ihre rostige Oberfläche durchaus zur Schau stellen, harmonie-

ren farblich mit der in Grau gehaltenen Fassade des Wohnhauses und setzen mit ihrer braunroten Patina doch einen natürlich wirkenden Akzent. Gleichzeitig fungiert das Bauwerk zusammen mit den Tafeln, die die Garteneinfriedung bilden, als wirksamer Sichtschutz und akustische Abgrenzung gegenüber dem öffentlichen Raum.

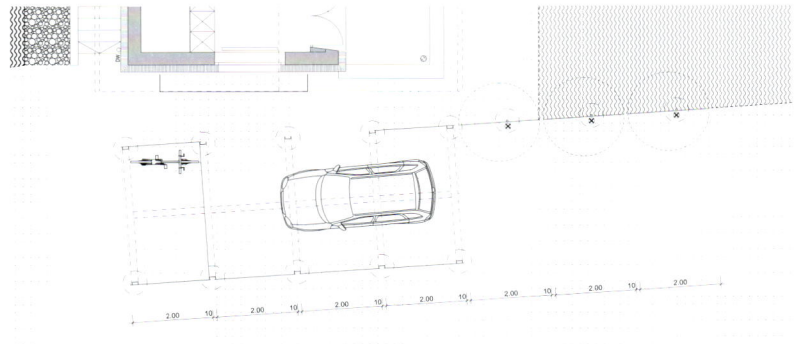

Rechte Seite: Der Carport korrespondiert mit seiner Außenhaut aus Stahlplatten mit den Tafeln, die der Abgrenzung des Gartens dienen und nach Belieben um die eigene Achse gedreht werden können. Durch die versetzte Anordnung der beidseitig vier Tafeln entsteht der Eindruck von Dynamik.

Javier Horrach/Oechsli + Partner Architekten

Wichtiges in Kürze

Funktion: Autounterstand, Fahrrad- und Geräteabteil
Bauweise: Stahlkonstruktion, Außenhaut aus unbehandelten Stahltafeln, Flachdach
Nutzfläche: Autoabstellplatz mit Abstellraum ca. 22 m², Fahrradunterstand ca. 7 m²
Baukosten brutto (nur Carport): ca. 34.000 CHF
Baujahr/Fertigstellung: 2011
Standort: Hausgarten bei Schaffhausen/Schweiz

Laubenfrosch im Schrebergarten

Multifunktionales Gartenhaus mit optimaler Raumausnutzung

Die vom Architektenduo Hütten & Paläste entworfene Gartenlaube in einem Berliner Schrebergarten will sich ebenso wie ein lebhaftes grünes Amphibium durch Farb-Mimikry in die Umgebung einfügen. Bei aller Anpassungsfähigkeit haben Nanni Grau und Frank Schönert dieses Teilzeitdomizil aber höchst individuell gestaltet. Hinter der Tarnung verbirgt sich eine ungewöhnliche Gebäudeform mit durchdachtem Raumzuschnitt, die die gesetzlich maximal zulässige Nutzfläche optimal ausnutzt. Entgegen üblicher Kleingartenarchitektur zeigt sich hier die äußere Form modern und polygonal, der Innenraum perfekt aufgeteilt. Entlang der geraden Längsseite hat man den benötigten Stauraum in Gestalt eines Regalschranks, eine Schlafnische, eine Kochgelegenheit sowie – vom rückwärtigen Teil des Gartens zugänglich – die Komposttoilette und den Geräteschrank untergebracht. Eine Außendusche sowie ein Außenwaschplatz vervollständigen das Programm. Dank der Funktionsspange bleibt in der Laube reichlich Platz für einen entspannten Aufenthalt und sie ist auf flexible Nutzungen wie Wohnen, Essen, Feiern oder Schlafen vorbereitet. Auf den Wunsch der Bauherren hin haben die Architekten die Wände und Fassadenöffnungen so geplant, dass keine Einblicke, aber gezielte Ausblicke von den gewünschten Positionen (Schreibtisch, Sitzecke) aus möglich sind. Transluzente Wandpartien aus Polycarbonat-Platten holen großflächig Licht herein, ohne die Intimität zu schmälern. Da die umliegenden Lauben systematisch ausgeblendet sind, entsteht drinnen der Eindruck, in freie Natur zu blicken. Das heißt aber keineswegs, dass man sich hier einigelt: Vielmehr treffen sich die Besitzer oft mit befreundeten Nachbarn auf der eigens dafür angelegten holzgedeckten Terrasse, die durch einen Steg mit dem Gartenhaus verbunden ist.

Rechte Seite: Zeitgemäß in Form und Material, inszeniert diese Laube gekonnt die Beziehung von Drinnen und Draußen. Die beiden quadratischen Fenster erlauben eine gezielte Aussicht, aber kaum Einblicke, der Lichtstreifen aus Polycarbonat-Platten sorgt für Helligkeit unter Wahrung der Intimsphäre.

Oben: Neben dem gelungenen Belichtungskonzept
und den gut geführten Blickbeziehungen (links ein
»Aussichtsfenster« und eine Lichtwand) überzeugt
auch die konzentrierte Anordnung der Ablage-
flächen in Einbaumöbeln. So gewinnt der Raum
ungeachtet seiner bescheidenen Dimensionen
einen großzügigen Charakter.

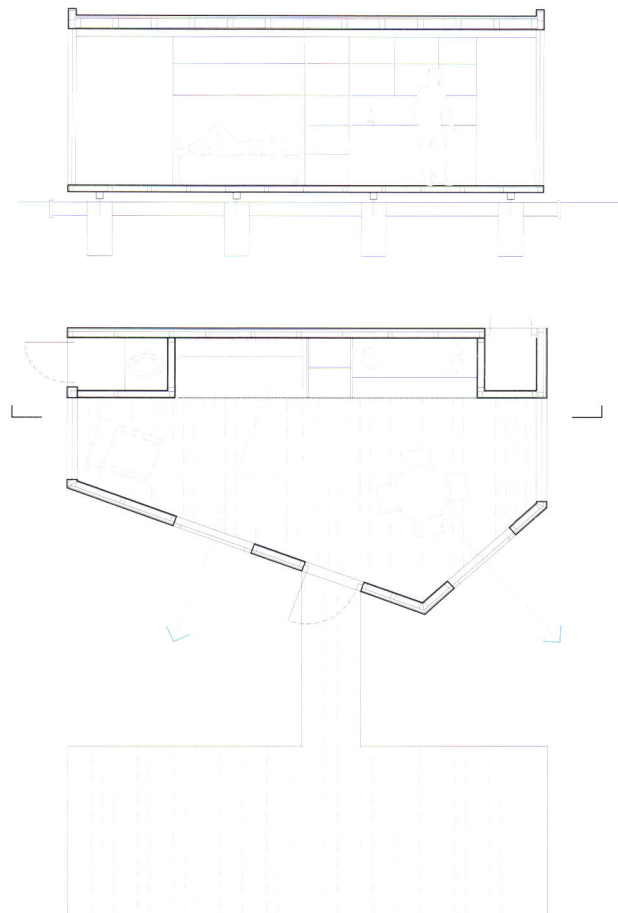

Grundriss

Oben: Alles da auf kleinem Raum: An dieser Lichtwand ist ein Außenwaschbecken ange-bracht, dahinter verbirgt sich die Biotoilette.

Wichtiges in Kürze

Funktion: Gartenlaube für den temporären Aufenthalt, Geräteabteil
Bauweise: Holzständerkonstruktion, Fassade aus grün lasierten Lärchenbrettern, Innenoberflächen aus weiß gekalkten Birke-Multiplexplatten, Bodenbeläge innen und außen aus Lärchendielen
Nutzfläche: ca. 20 m²
Planungs- und Baukosten: ca. 30.000 €
Baujahr/Fertigstellung: 2010
Standort: Schrebergarten in Berlin

Futuristisch und nützlich

Pflanzenhaus, Geräteschuppen und Fahrrad-Port in einem

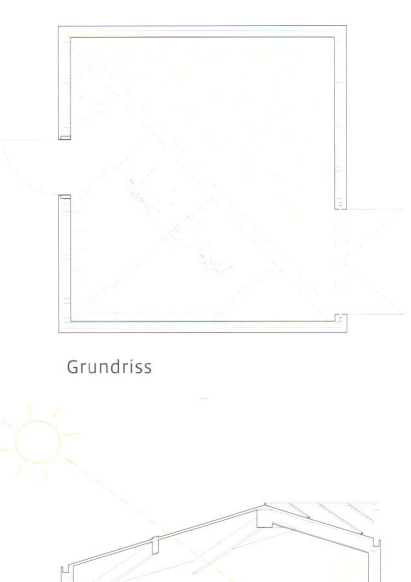

Grundriss

Schnitt

Soll ein Gartenhaus profanen Zwecken wie hier der Überwinterung von Pflanzen sowie der Aufbewahrung von Geräten und Fahrrädern dienen, darf dies keineswegs ein Freibrief für Allerweltsarchitektur sein. So wagten sich auch die Bauherren dieses Kleinods an eine neue Formensprache, die ihnen Nanni Grau und Frank Schönert von Hütten & Paläste mit Erfolg nahebrachten. In einem naturnah gelegenen Berliner Wohnquartier entstand ein hell leuchtendes, prismatisches Gebilde mit außergewöhnlicher Kubatur. Das um 90° gedrehte Satteldach besteht aus zwei dreieckigen Dachhälften, die die Grundform des Häuschens bestimmen, die Zugänge zum Pflanzenhaus und zum Geräte-/Fahrradabteil markieren und die Teilung des Innenraums vorgeben. Entsprechend der unterschiedlichen Zweckbestimmung wurde die südliche, zur Überwinterung von Pflanzen dienende Hälfte mit transluzenten Kunststoffplatten, der Aufbewahrungsbereich dagegen mit verzinktem Stahl gedeckt. Die Pflanzen bekommen so während ihrer Ruhezeit genügend Licht, dessen weicher und gedämpfter Charakter eine Überhitzung und Vertrocknung verhindert. Bei Raumhöhen von bis zu 3,45 Metern können auch größere Kübelpflanzen, Leitern und andere sperrige Gegenstände problemlos untergebracht werden. Die Belichtung der Orangerie über Dach ermöglichte es, die Außenfassaden abgesehen von den Türöffnungen geschlossen auszuführen, wodurch der Eindruck einer weißen Gartenskulptur entsteht.

Rechte Seite: Das prismatisch geformte Gartenhaus mutet fast wie ein gerade gelandetes Raumobjekt an.

Oben: Das um 90° gedrehte Satteldach besitzt
eine geschlossene und eine transparente
Hälfte, letztere für die Belichtung der Pflanzen
im Winterquartier.

Wichtiges in Kürze

Oben beide: Hier verbindet sich moderne
Formgebung mit hohem Nutzfaktor; der
First ist immerhin 3,45 Meter hoch. Die
transparenten Platten der Wintergarten-
hälfte belichten die Pflanzen optimal
mit sanftem Licht von oben.

Funktion: Pflanzen- und Gerätehaus
Bauweise: Holzständerkonstruktion, Fassade aus deckend weiß
gestrichenen Lärchenbrettern (Nut und Feder), Satteldach/
Dachdeckung mit Polycarbonat-Stegplatten bzw. Zinkblech,
Innenoberflächen aus Birke-Multiplexplatten
Nutzfläche: ca. 14,5 m²
Planungs- und Baukosten: ca. 29.000 €
Baujahr/Fertigstellung: 2011
Standort: Hausgarten in Berlin

Kontemplation im Bambusgarten

Transparenter Pavillon

Der Welt für eine Zeit entrückt, ganz auf sich selbst fokussiert und doch mit der Natur vereint – dies könnte das Leitmotiv des von David Jameson entworfenen gläsernen Pavillons sein. Der von den Auftraggebern formulierte Wunsch, einen geschlossenen und vor Witterungseinflüssen geschützten, dabei aber möglichst zum grünen Umfeld geöffneten Raum für den temporären Aufenthalt für Teezeremonien, zum Meditieren und zum Musizieren zu bekommen, wurde in die Sprache der Architektur übertragen. Dazu ersann der Planer im Prinzip einen gläsernen »Kasten« mit hölzernem Boden und »Deckel«, der, an einer stählernen Konstruktion aufgehängt, über dem Kiesbett zu schweben scheint. Die Stahlelemente besitzen nicht nur konstruktive Bedeutung, sondern schaffen auch ein Spannungsmoment, indem sie durch ihre Schwere die transparente Leichtigkeit des Pavillons unterstreichen und dessen Konturen und Lineaturen nachzeichnen. Auch die frei gestellte, mit der Farbe der

Fenstereinfassungen aus Bronze korrespondierende Eingangstreppe aus einem massiven Betonblock und filigranen Metallplatten unterstützt den schwerelosen Charakter. Beim Aufenthalt im Pavillon ermöglichen dessen gläserne Wände den Blick nach allen Seiten, in das Grün und in den Himmel. Die ebenso kunstvoll wie unregelmäßig segmentierte Holzdecke bildet den Blickfang, vier hölzerne Stützen strukturieren den schwebenden Pavillon. Im Zentrum des Raums befindet sich eine bodenbündig eingelassene Tatami-Matte, daneben ein niedriger Tisch für die Teezeremonie. Asiatische Einflüsse prägen auch das Bepflanzungskonzept des Umfelds mit Kiesflächen, Schwarzem Bambus und punktuell eingestreutem Japanischem Ahorn: ein vollendeter Ort der Selbstbesinnung und der Kreativität. Die Doppelfugentür wird bei musikalischen Darbietungen geöffnet, der Pavillon wird dann zur Bühne.

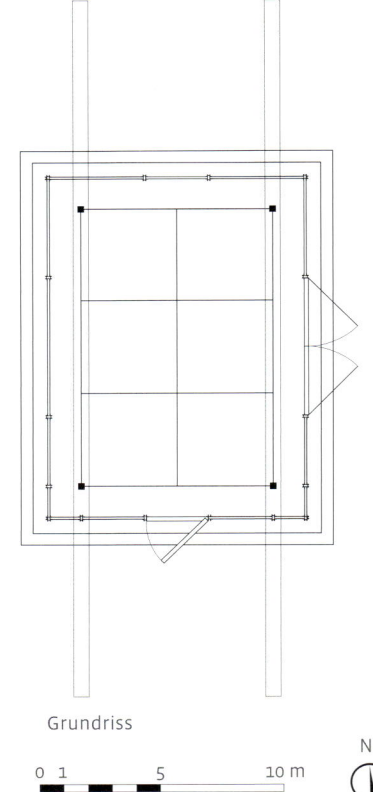

Grundriss

0 1   5   10 m

N

Rechte Seite: Die Eingangsseite des Pavillons mit abgesetztem Treppenblock

Wichtiges in Kürze

Funktion: Pavillon für den temporären Aufenthalt, Tee-
zeremonien, zum Meditieren und zum Musizieren
Bauweise: Stahl-Glas-Konstruktion, Kupferverblechungen,
Innenausbau in Holz, Fenster innen aus Mahagoni, Boden
aus Douglasie, Decke Kirschfurnier
Nutzfläche: ca. 16 m²
Planungs- und Baukosten: keine Angaben
Baujahr/Fertigstellung: 2010
Standort: großer Hausgarten bei Bethesda/Maryland (USA)

Links beide: Der Pavillon ist an einer Konstruktion
aus Stahlbügeln aufgehängt. Dieser schwebende
Charakter wirkt in hohem Maße inspirierend, sei es
bei der Teezeremonie, bei der Meditation oder beim
Musizieren.

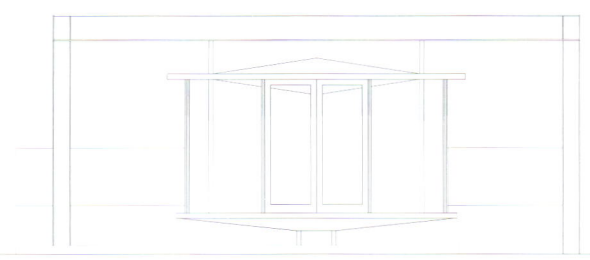

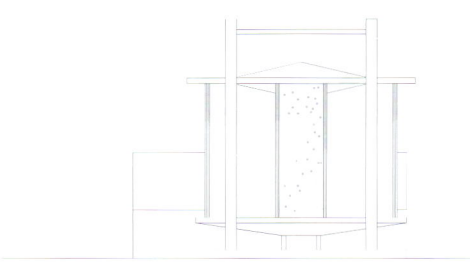

Ansichten

Unten: Blick durch den Pavillon mit zentraler Tatami-Matte und Tischchen für die traditionelle Teezeremonie. Auch die mit Kirschbaumholz verkleidete Decke verweist auf japanische Ursprünge. Der Bodenbelag besteht aus Douglasien-Holzpflaster.

Wellnesszone für den Garten

Multifunktionales Kleingebäude im eleganten Kleid

Gartenhäuser von der Stange sehen in aller Regel auch wie billige Massenware aus. Das hier gezeigte, patentierte Projekt wurde dagegen von einem kompetenten Planer entworfen und erfüllt höchste gestalterische Ansprüche: Auf einer Seite elegant abgerundet und geschlossen, öffnet sich die »@ wein Gartenlounge« in Richtung des räumlich entgegengesetzten Terrassenbereichs. Eine filigran gestaltete Pergolakonstruktion, in die auch eine Außendusche integriert ist, schließt das Raumprogramm ab. Im Innenraum findet eine Sauna ebenso Platz wie ein offener Kamin, um den sich die Sitzplätze gruppieren. Große Verglasungen auf den Längsseiten fügen den Innenraum und die Terrasse zusammen, was die Gartenlounge noch großzügiger wirken lässt.

Das Bauwerk kann unter anderem als Poolhaus eingesetzt werden, und auch sonst lässt sich das modulare System auf nahezu alle Bedürfnisse abstimmen. Viele Ausbau- und Ausstattungsvarianten lassen reichliche Möglichkeiten für eine individuelle Gestaltung, auch eine gedämmte Ausführung ist möglich. Die abgebildete große Variante der Gartenlounge hat einen mit über 20 Quadratmetern sehr großzügigen Innenraum.

Die auf einer Schmalseite abgerundete Konstruktion wird durch die Verwendung von Leimholzelementen ermöglicht, die zusammen mit Pfosten das Tragwerk bilden und auf der Außenseite verschalt sowie mit einer Dichtungsbahn gegen Feuchtigkeit geschützt werden. Auch im Inneren dominiert massives Holz: Brettschichtholzelemente im Decken- und Wandbereich sowie die Bodenbeläge, die innen wie außen aus Douglasie bestehen; in die Rundung kann eine Bank aus feuchteresistentem Ajus-Holz eingepasst werden.

Rechte Seite: Die Gartenlounge bei abendlicher Beleuchtung

Entwurf: k3 – LandschaftsArchitektur / Landschaftsarchitekt Martin Kuberczyk
Herstellung und Vertrieb: Werner Ettwein

Wichtiges in Kürze

Funktion: Gartenhaus für die Entspannung und den temporären Aufenthalt
Bauweise: Holzmassivbau (Leimholz-/Pfosten-Konstruktion)
Nutzfläche wie abgebildet: ca. 23 m² zuzüglich 13,4 m² Terassen (Außenabmessungen von 5 x 3,50 m bis 11 x 3,50 m)
Preise wie abgebildet: ab ca. 34.500 € (ohne Ausstattung)

Rechts: Terrassenbereich mit Douglasien-belag, Außendusche und stimmungsvoller Beleuchtung

Linke Seite beide: Dynamisch geformt, sind Innenraum und Freibereich der Garten-lounge spangenartig zusammengefasst. Im Bereich der Rundung wird meist der Wellness-Bereich untergebracht. Hier sind als Ausstattung Sauna, Kaminofen, TV und Außendusche integriert.

Kubische Klarheit

Gartenhaus für vollendetes Naturerleben

Links beide: Die emporenartig erhöhte Position verleiht dem Benutzer beim Aufenthalt auf der Terrasse einen besonders guten Ausblick. Außen- und Innenbereich liegen jedoch auf identischem Niveau, wodurch sie nahtlos ineinander überzugehen scheinen.

Rechte Seite oben: Die »Gartenlounge 2.0« mit vorgelagertem Teich

Rechte Seite unten: Neben der zweischeibigen Isolierverglasung und der guten Luftdichtigkeit sorgt bei diesem Beispiel Zusatzausstattung wie ein Wärme-Wandstrahler dafür, dass das Gartenhaus auch in der kälteren Jahreszeit genutzt werden kann. Zusätzlich ist hier eine Gartenküche mit Gasherd und Waschbecken eingebaut.

Als kubische Variante der Gartenlounge (siehe vorhergehende Seiten) besitzt dieses mit dem Zusatz 2.0 benannte Modell eine geradlinige Form. Damit passt es gut zu moderner Flachdacharchitektur, fügt sich aber gleichzeitig aufgrund seiner Schlichtheit auch besonders gut in ein naturnahes Umfeld ein. Konstruktiv und hinsichtlich der eingesetzten Materialien orientiert sich dieses Modell am organisch geformten Bruder.

Wichtiges in Kürze

Funktion: Gartenhaus für Entspannung und temporären Aufenthalt
Bauweise: Holzmassivbau (Leimholz-/Pfosten-Konstruktion)
Nutzfläche wie abgebildet: ca. 16,4 m² zuzüglich 6,25 m² Terassen
Preise: ca. 25.800 € (ohne Ausstattung)

Entwurf: k3 – LandschaftsArchitektur / Landschaftsarchitekt Martin Kuberczyk
Herstellung und Vertrieb: Werner Ettwein

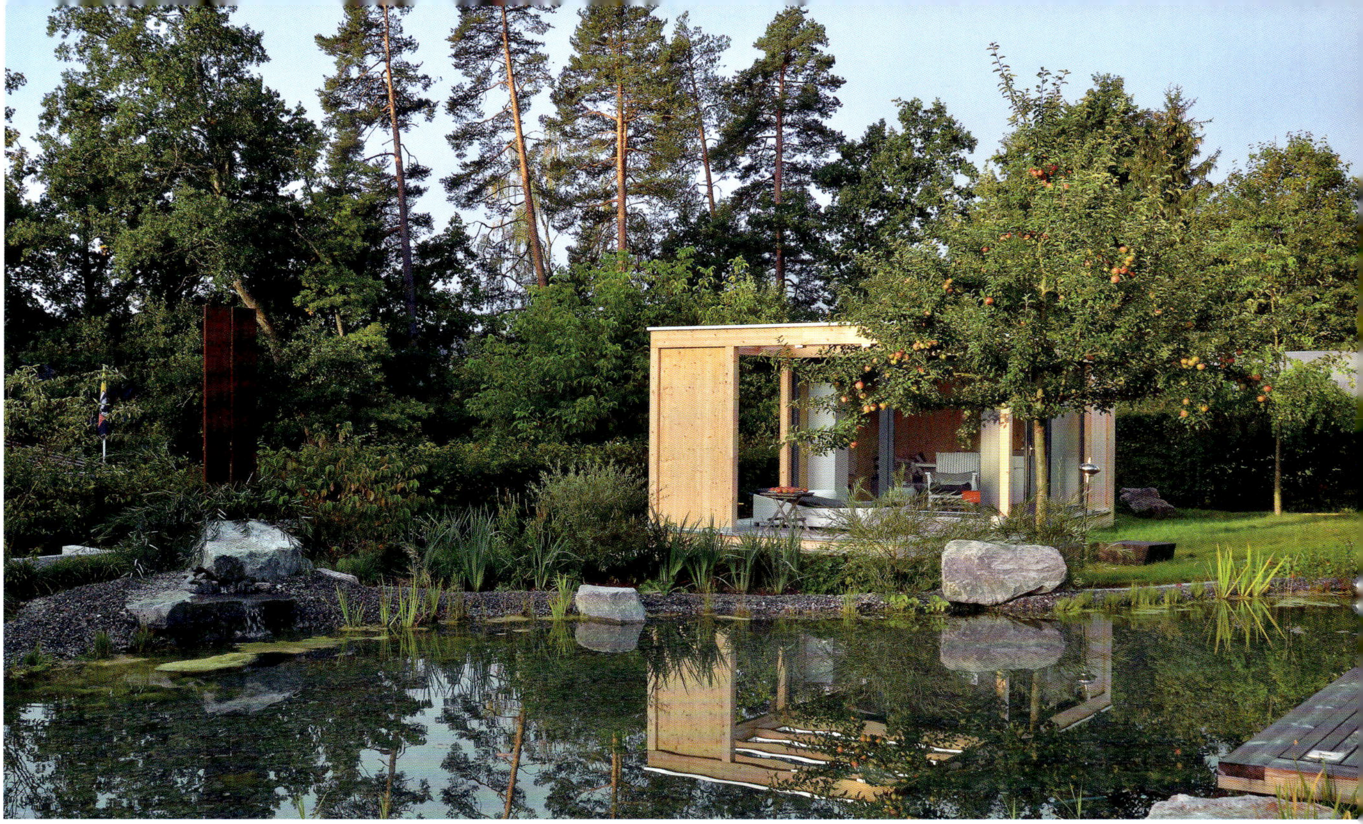

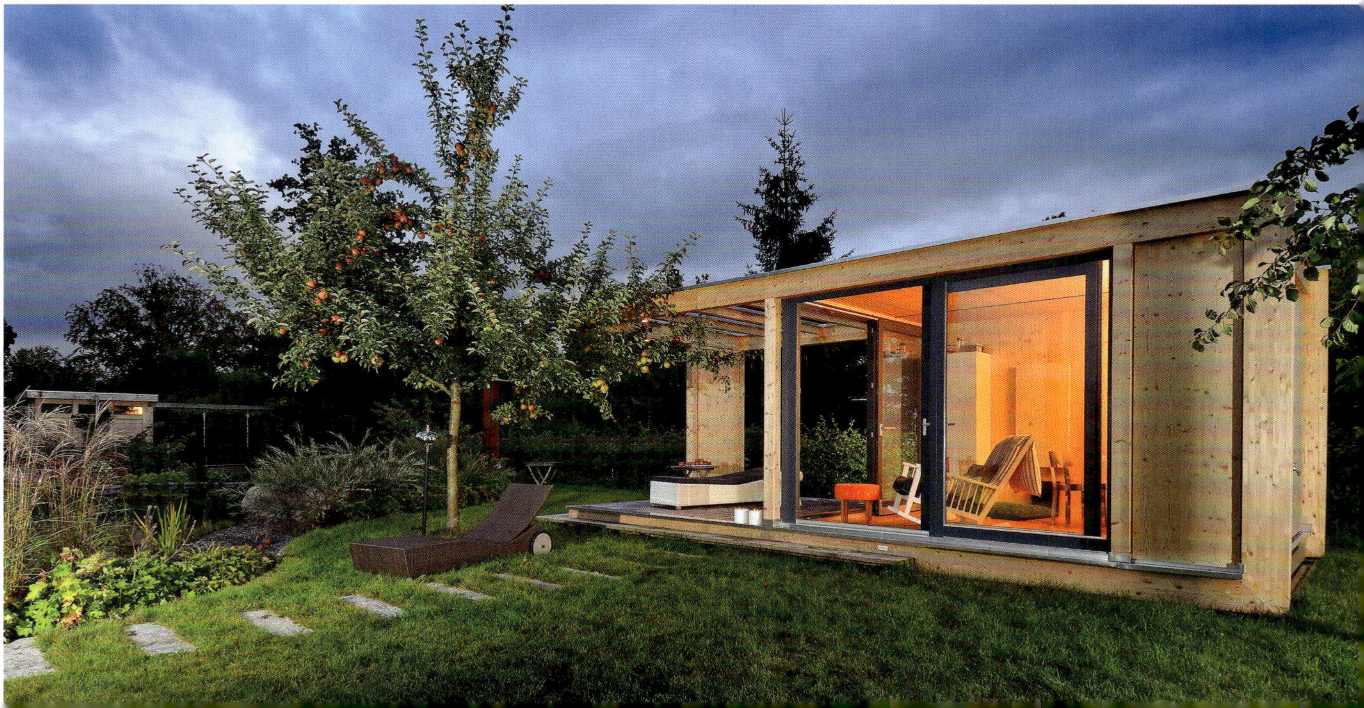

Unterm Weinblätterdach

Gewächshauslaube wiederverwendet

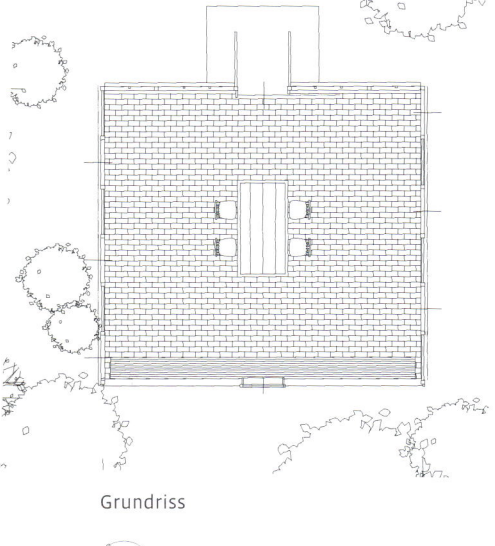

Grundriss

Bei der Übernahme des ehemaligen Gewächshauses einer Gärtnerei, die unter anderem Muskat anbaute, wollten die Bauherren den baulichen Bestand eigentlich durch Carports ersetzen. Der von ihnen beauftragte Architekt Akio Kamiya überzeugte sie jedoch davon, die Struktur zu erhalten und etwas Neues daraus zu machen. Er schuf eine begrünte Laube.

Die in veränderten Abmessungen wiederverwendete Tragstruktur aus Holz und Glas bekam einen Sockel aus Naturstein. Der giebelseitige Eingang erhielt einen rahmenartigen, in dunkler Farbe abgesetzten Vorbau, der wiederum von einem gläsernen Dachüberstand geschützt wird. Im Inneren trug man der nunmehrigen Nutzung als temporärer Aufenthaltsraum Rechnung und brachte einen neuen Bodenbelag aus frostharten, sehr hellen Backsteinen ein. Dieser speichert ebenso wie der Naturstein des Mauerwerks die eingestrahlte Hitze und gibt sie allmählich an den Raum ab, sodass es Groß und Klein auch am Abend und während der kälteren Jahreszeit gemütlich haben. Die dem Eingang gegenüberliegende Gie-

belseite mit dem Regal für Krimskrams und Spielzeug aller Art ist komplett mit weiß lasierten Holzoberflächen verschalt, nach außen zeigt sie sich im dunklen Ton des Eingangsvorbaus. Am Klettergerüst unter dem Glasdach ranken Weinreben, die das geschützte Klima schätzen, hier besonders gut ausreifen und nicht zuletzt zusammen mit den großen Lüftungselementen im Firstbereich eine übermäßige Aufheizung des Raums verhindern. Das »grüne Dach« bricht zudem die Sonnenstrahlen und erzeugt auf den Oberflächen lebhafte Licht- und Schattenbilder.

Rechte Seite beide: Die adaptierte Holz-Glas-Konstruktion mit dem neuen, abgesetzten Eingangsvorbau und Natursteinsockel lässt das frühere Gewächshaus in modernisierter Form erkennbar bleiben. Die Länge des Hauses wurde beim Umbau deutlich verringert. Die wiederverwendeten Glasscheiben werden von neuen Aluminium-Profilen gehalten. Die Lüftungselemente im Firstbereich stammen ebenfalls aus dem alten Bau und sorgen für eine optimale Luftzirkulation.

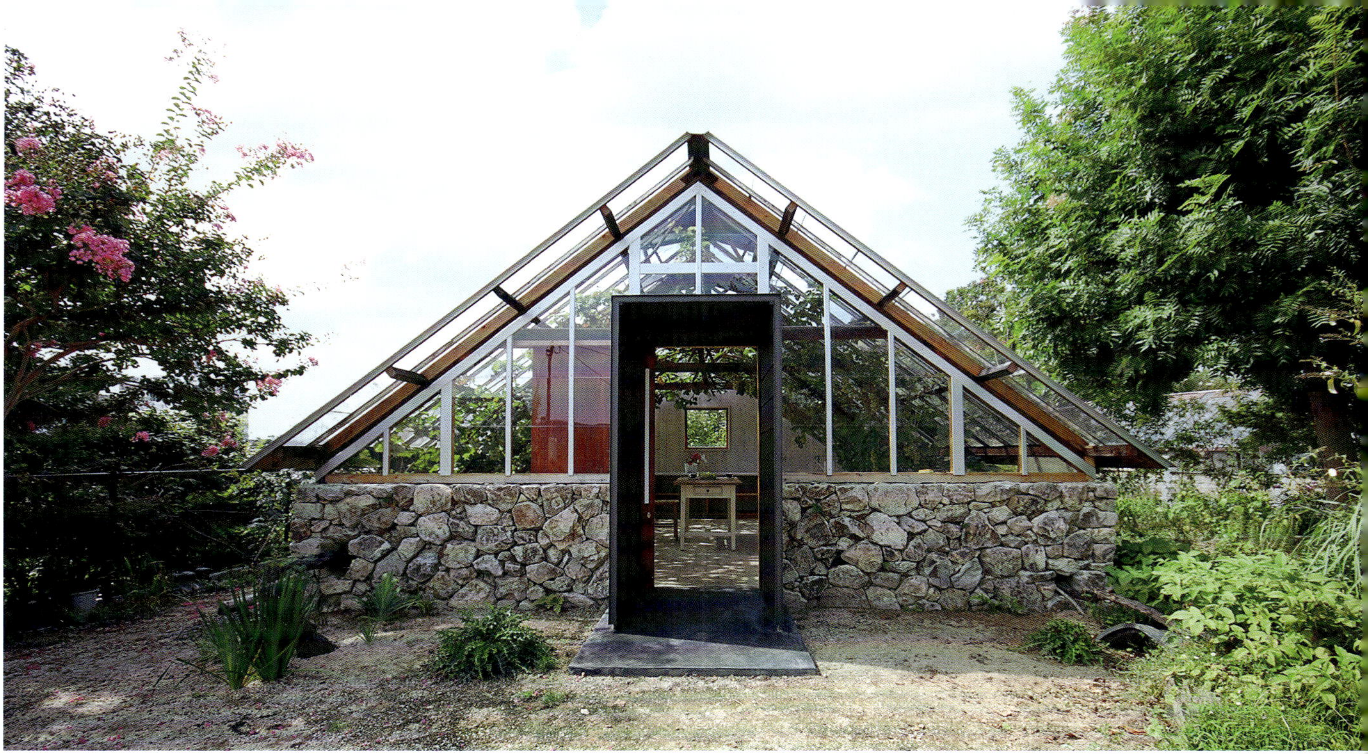

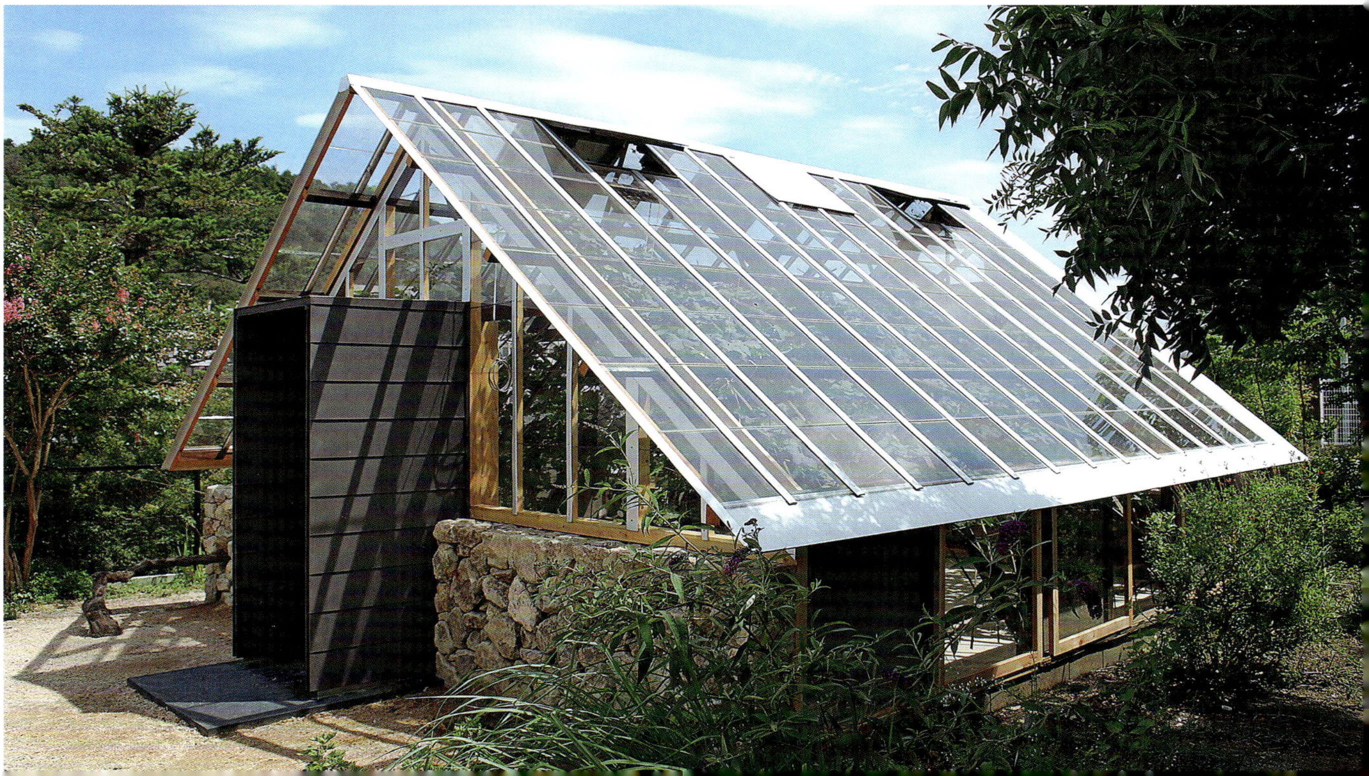

Links oben: Der neue Bodenbelag aus hellen Backsteinen korrespondiert mit der weißen Wand, vor der sich ein niedriges Regal befindet. Die Geschlossenheit dieser Giebelseite schafft wohltuende Intimität.

Links Mitte: Während der Umbauphase

Links unten: Die dunkle Farbe der rückwärtigen Außenfassade kontrastiert mit der hellen Innenwand.

Rechte Seite: Bei nächtlicher Innenbeleuchtung tritt der transparente Charakter des Gebäudes hervor.

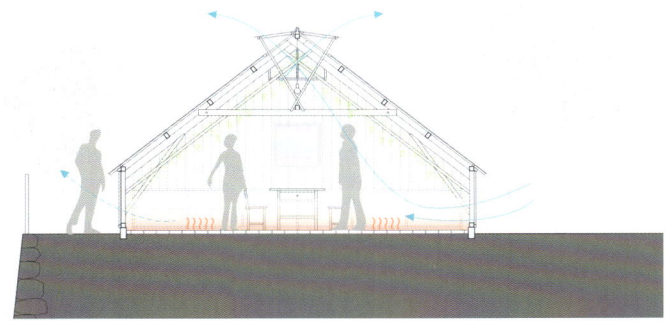

Querschnitt

Wichtiges in Kürze

Funktion: Laube für den temporären Aufenthalt, Atelier, Gewächshaus
Bauweise: Holz-Glas-Konstruktion auf Natursteinsockel, Aluminiumprofile
Nutzfläche: ca. 25 m²
Planungs- und Baukosten: keine Angaben
Baujahr/Fertigstellung: 2009
Standort: Hausgarten/ehemalige Gärtnerei bei Okayama/Japan

Rechts: Blick durch die Laube und die geöffnete Eingangstür in den Garten. Das Dach aus Weinblättern filtert die Sonnenstrahlen, die hellen Oberflächen speichern gerade so viel Wärme, dass die Bewohner beim abendlichen Aufenthalt angenehme Temperaturen haben.

Fitness mit Ausblick

Sporthaus im Garten

Während der Planung eines Hausgartens kam die Idee auf, ein von den Bauherren gewünschtes Zimmer für Sport und Fitness im Garten unterzubringen und so Platz im Wohnhaus einzusparen. Neben dem Kostenvorteil spielte auch das für die sportliche Betätigung angenehme grüne Umfeld eine wichtige Rolle bei dieser Entscheidung. Im hinteren Gartenteil entstand eine von Heckenelementen gerahmte Ziersplittfläche. Die Hainbuchen bieten Sichtschutz und wirken raumbildend. Neben dem Sporthaus entstand ein

Sitzbereich mit Wasserspiel. Die äußere Verkleidung des Kleingebäudes besteht aus farblich sehr schönem, witterungsbeständigem Rotzedern-Holz. Damit das Sporthaus zu allen Jahreszeiten und bei jeder Witterung genutzt werden kann, hat es eine Wärmeschutzverglasung und eine außenliegende Dämmung erhalten, elektrische Heizkörper sorgen für wohlige Temperaturen. Die großen Glasfronten erweitern den Raum optisch, eine vorgelagerte Terrasse dient für Freiluftübungen – oder auch der Entspannung.

Rechte Seite beide: Das mit Rotzedern-Leisten verschalte Sporthaus ist bestens in den Garten eingebettet. Die großen Verglasungen lassen ein Gefühl von Enge erst gar nicht aufkommen, und selbst im Winter kann man sich in angenehmer Atmosphäre statt in dunklen Kellerräumen fit halten.

Wichtiges in Kürze

Funktion: Gartenhaus für Fitnesstraining
Bauweise: Holzkonstruktion aus Kreuzlagenholz (Wände und Decken) auf betonierter Bodenplatte, Außendämmung, Fassade aus Rotzedern-Leisten
Nutzfläche: ca. 9 m²
Planungs- und Baukosten: keine Angaben
Baujahr/Fertigstellung: 2009
Standort: Hausgarten bei Moers/Nordrhein-Westfalen

architekten langhanki
Riesop Landschaftsarchitektur

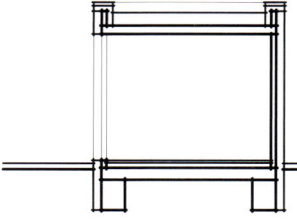

Schnitt

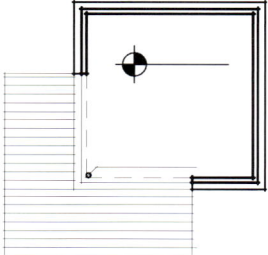

Grundriss

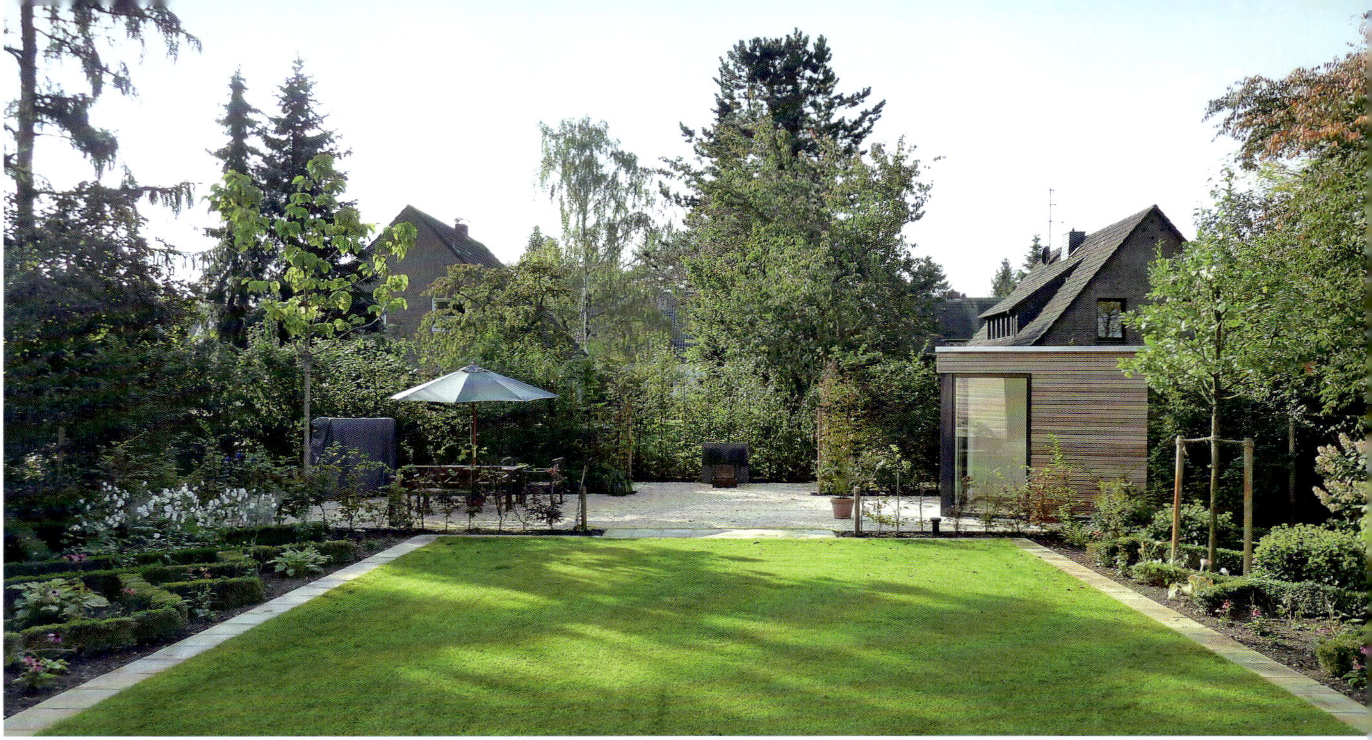

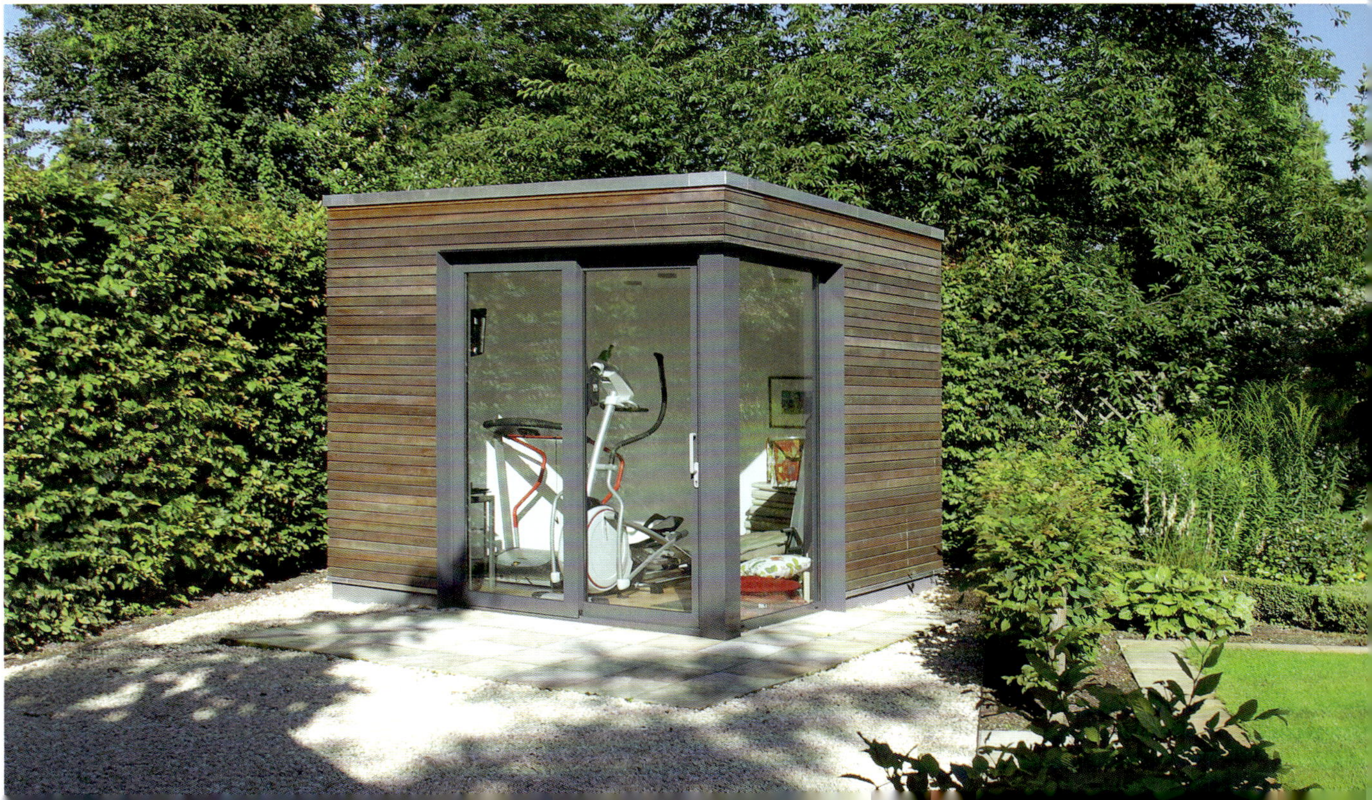

Raumbildend und funktional

Pergola am Pool

Dieses Beispiel zeigt, wie eine Pergola zur Bildung und Abgrenzung von Gartenräumen eingesetzt werden kann. Ein rechteckiges Schwimmbad, das inmitten eines großen Pflasterkreises liegt, wird durch eine Pergola zum östlichen Nachbaranwesen hin abgeschirmt und erhält so eine angenehm intime Atmosphäre. Die Form der Pergola folgt derjenigen des Kreises, den sie mit einer organisch gebogenen Mauer abschließt. Zum Pool hin öffnet sich die Konstruktion, die hier nur auf drei Granitsäulen ruht. Durch die nur partielle Überdeckung, die Verwendung von Rundbohlen als Pfetten und die Abschrägung der Sparrenköpfe gewinnt die Konstruktion Leichtigkeit und Eleganz. Neben dem Kleinsteinpflaster im Inneren des Kreises wird die Pergola, die gleichzeitig den Geländeabfall markiert, außerhalb von ebenfalls organisch geschwungenen Kiesbeeten und Rasenflächen begleitet, in die locker Gräser, Buchs und Laubbäume eingestreut sind.

Links oben und rechte Seite: Die runde Natursteinmauer korrespondiert bestens mit den organischen Formen der Beete und Wiesenflächen.

Links unten: Das Schichtenmauerwerk besteht aus vier unterschiedlichen Steingrößen, die Fugen sind als Hohlkehlen ausgebildet. So entstand ein lebendiges, aber geschlossenes Bild. In den Bodenbelag integrierte Scheinwerfer sorgen für stimmungsvolle Beleuchtung.

Wichtiges in Kürze

Funktion: Pergola als Abgrenzung des Poolbereichs, Gestaltungselement
Bauweise Mauerwerk bzw. Granitsäulen auf Betonfundamenten, Sparren und Pfetten aus unbehandeltem Lärchenholz (gesägt und gehobelt)
Nutzfläche: ca. 16 m²
Planungs- und Baukosten: ca. 12.000 €
Baujahr/Fertigstellung: 2010
Standort: großer Hausgarten bei Bad Birnbach/Oberbayern

Link Landschaftsarchitekten

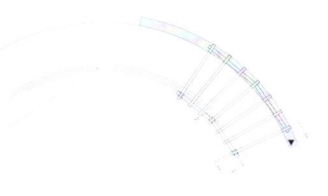

Aufsicht

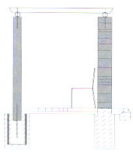

Querschnitt

Zwei Pergolen als Mittelpunkt der Gestaltung

Grüne Durchgangszimmer im Villengarten

Oben beide: Die Pergolen formen eine sogartig wirkende Gartenachse. Eine Betonmauer mit Wasserbecken bildet den Blickfang und unterteilt die axiale Struktur.

Kleingebäude im Garten können für sich als Solitäre stehen, aber auch Gartenräume strukturieren und deren Charakter unterstreichen. Die Landschaftsarchitektin Sylvia Link hat dies bestens umgesetzt, indem sie ihre Planung eines Villengartens durch zwei hintereinander platzierte, unterschiedlich große Pergolen in Granit-Holz-Bauweise aufwertete. Dadurch kommt der lineare Charakter der Anlage, der der Struktur der bestehenden alten Villenarchitektur folgt, besonders gut zum Tragen, der somit betonte Hauptweg macht die Geländeunterschiede deutlich nachvollziehbar. Zusammen mit dem zweigeteilten Wandelgang unterstreichen dazwischen platzierte, erhöhte Wasserbecken mit *Sumpfiris* und Pflanzbecken mit Lavendel die Gartenachse.

Durch die Wahl von Rundhölzern als Pfetten gelang es, der »Dachkonstruktion« einen besonders leichten Charakter zu verleihen. Mit einer lichten Höhe von 2,40 Metern ist auch noch einige Jahre nach dem Bau, wenn die Kletterpflanzen – Pfeifenwinde *(Aristolochia macrophylla)*, Gold-Waldrebe *(Clematis tangutica)* und italienische Waldrebe *(Clematis viticella)* – die Holzkonstruktion überwachsen haben, ein komfortabler Durchgang gewährleistet. Die Kletterer können dank unauffälliger silberner Spannseile zwischen den Granitsäulen wachsen. Der Raum unter den Pergolen dient den Eigentümern auch als schattiges grünes Zimmer, in dem sie nahe einem kühlenden Wasserbecken lesen oder sich entspannen.

Wichtiges in Kürze

Funktion: Zwei Pergolen als Gestaltungselement, begrünter Durchgangsbereich
Bauweise: Granitsäulen auf Betonfundamenten, Sparren und Pfetten aus unbehandeltem Lärchenholz (gesägt und gehobelt)
Nutzfläche: ca. 19 m² und 15 m²
Planungs- und Baukosten: ca. 9.500 €
Baujahr/Fertigstellung: 2007
Standort: großer Hausgarten bei Burghausen/Bayern

Link Landschaftsarchitekten

Rechts: Die Säulen der Pergola bestehen aus Granit in den Maßen 20 x 20 x 300 cm. Für die Abstützung des Geländes kamen große Granitblöcke zum Einsatz.

Rechts unten: Gesägte Granitstufen, die zur nächsten Terrassenebene führen, grenzen Felder mit Mosaikpflaster ab. Auf der unteren Ebene wurde Granitkleinstein mit Klinkerbahnen kombiniert und dadurch aufgelockert.

Kunstvolles Geflecht

Transparenter Gartenpavillon in modernem Design

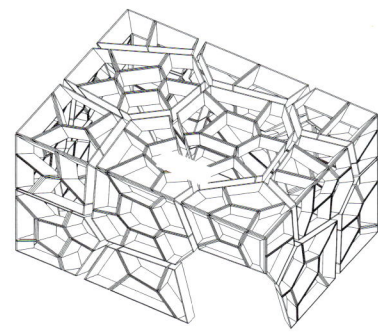

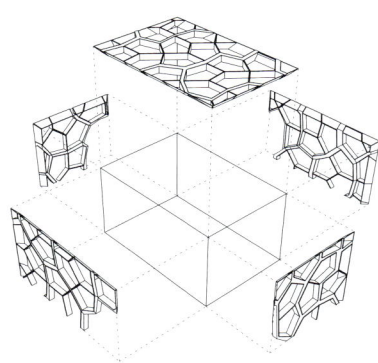

Oben: Die Zeichnungen zeigt, wie die fünf vorgefertigten Teile des Pavillons vor Ort montiert wurden.

Ausgangspunkt des Projekts war ein von der Londoner Zeitung *Times* für die berühmte Chelsea Flower Show in Auftrag gegebener Schaugarten, der vom preisgekrönten Landschaftsarchitekten Marcus Barnett ausgeführt wurde. Dieser holte das Team von NEX Architecture mit ins Boot, das den von historischen Gärten bekannten, formal meist eher romantisierend gestalteten Typus des Pavillons in die Gegenwart übersetzte. Vorgabe der *Times* war es unter anderem, den Wissenschaftsgeist des im eigenen Hause erscheinenden Monatsmagazins *Eureka* zu transportieren und dazu im Besonderen die Bedeutung von Pflanzen für die menschliche Gesellschaft zu thematisieren. Der entstandene Pavillon fungiert gleichsam als Filter, der die Umgebung nicht einfach abbildet oder rahmt, sondern interpretiert.

Die Gesamtkonstruktion aus Kantholzträgern und einer aussteifenden, filigranen Rippenstruktur ist, wie übrigens auch die Gesamtanlage des Gartens, ästhetisch den Zellstrukturen von Pflanzen nachempfunden und nach bestimmten, das Pflanzenwachstum simulierenden Algorithmen am Rechner entstanden. NEX und Holzbauexperten übernahmen die Detailplanung der Konstruktion. Biomorphe Formvorgaben waren unter anderem Blattstrukturen, deren Aussehen hier durch spezielle Kunststofffolien gleichzeitig nachgeahmt und neu interpretiert wurden. Dem Motto »Pflanzen und Gesellschaft« folgend, wurden die Folien aus Recyclingmaterial gefertigt. Aber auch sämtliche anderen eingesetzten Materialien sind recycelt und/oder recycelbar. Die transluzente Folie filtert das natürliche und künstliche Licht, gleichzeitig werden so mannigfache Durchblicke und Blickbeziehungen in den Garten und den Himmel, aber auch spannungsvolle Licht- und Schattenspiele erzeugt. Ein wunderbarer Nebeneffekt der Architektur ist, dass sie beim Betrachter vielfältige weitere Naturassoziationen weckt, zum Beispiel an die Wabenstrukturen eines Bienenstocks oder an Spinnennetze. Garten und Pavillon sind heute in den Royal Botanical Gardens in Kew zu besichtigen.

Rechte Seite oben: Die Vorderseite des fertigen Pavillons

Rechte Seite unten: Seitenansicht

NEX Architecture
Marcus Barnett Landscape Design

Oben: Organisch geformte Belagstrukturen und Sitzmöbel runden die Gestaltung ab.

Ganz oben: Innenraumansicht mit Eckbeplanzung, die innen und außen verbindet.

Links: Eingang mit junger Besucherin

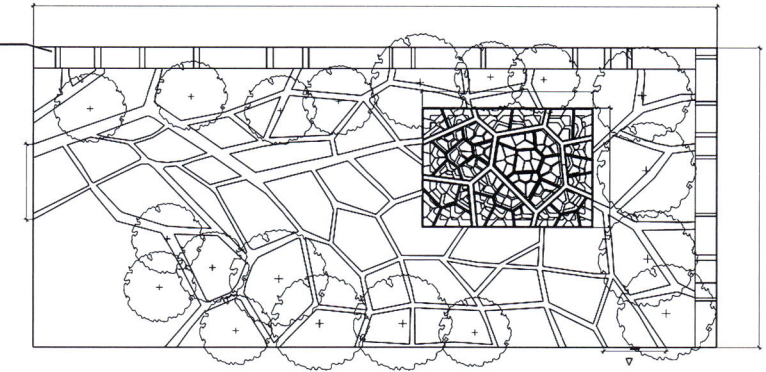

Wichtiges in Kürze

Funktion: Pavillon für das Naturerleben
Bauweise: Holzkonstruktion aus wasserfestem Sperrholz
(FSC®-zertifiziert), Bespannung der »Zellen« mit PP-Folie,
Fundament aus Sand-Ballast, Dachbekleidung aus Glas
Nutzfläche: ca. 26 m²
Planungs- und Baukosten: ca. 70.000 €
Baujahr/Fertigstellung: 2011
Standort: Royal Botanical Gardens in Kew (bei London)

Oben: Die Dachaufsicht zeigt den Pavillon innerhalb der Gartenanlage.

Unten links: Anordnung der Polypropylen-Zellen in einer Holzkassette

Unten: Detail des Pavillondachs

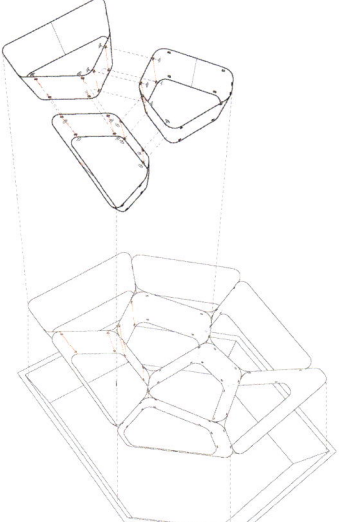

Zwei Kleinbauten mit kühner Geste

Carport und Terrassenbauwerk in Sichtbeton

Dass bei einem ambitionierten Wohnhausneubau alle Gebäudeteile ästhetisch die gleiche Sprache sprechen sollten, versteht sich eigentlich von selbst. Nicht immer gelingt dies aber so gut wie hier. Das Donauwörther Architekturbüro Obel und Partner fügte dem Einfamilienhaus in Betonfertigteilbauweise zwei kleinere, architektonisch jedoch ebenso ambitionierte und bestens harmonierende Funktionsbauten hinzu: Nordseitig, dem Eingang zugeordnet, entstand ein Doppelcarport, in dem die Fahrzeuge hintereinander stehen

und so für den südseitigen Garten viel Platz übriglassen. Durch ein schmales, vor Regen schützendes Glasdach ist der winkelförmige Carport mit dem Eingang verbunden und wirkt doch wie ein Solitär. Alternierend eingesetzte Streifen aus Betonplatten und Kies unterstreichen den dynamischen Eindruck des Baus Im Westen schließt das zweite Bauwerk mit dem Geräteraum und der Pergola an, das ebenfalls komplett aus Beton gefertigt ist. Letztere dient vor allem als Schattenspender für die Terrasse, die so außerdem wirkungsvoll

gerahmt wird. Eine raffbare, an filigranen Stahlseilen geführte Sonnensegelkonstruktion bildet den »Himmel« über dem Sitzplatz.

Rechte Seite: Ansicht des Terrassenbauwerks von Südosten. Dahinter der Abstellraum

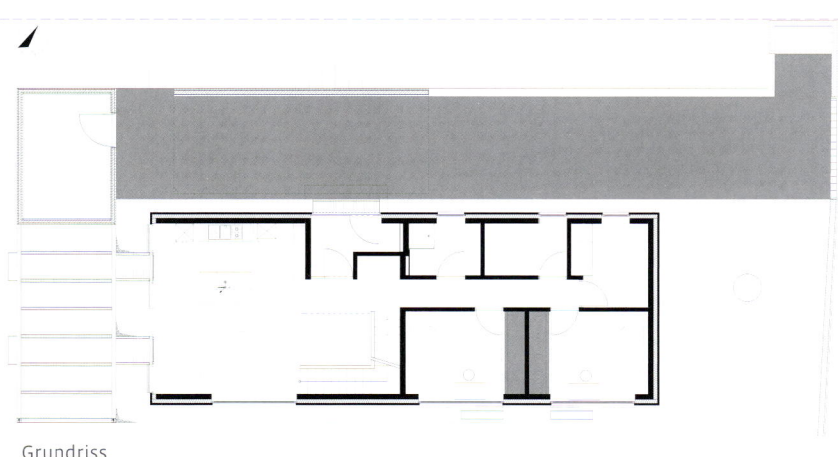

Grundriss

Obel und Partner Architekten
Projektleitung: Caroline Schneider

Wichtiges in Kürze

Funktion: Carport für zwei Autos, Terrassenbauwerk
mit Pergola und Geräteraum
Bauweise: Sichtbeton
Nutzfläche: Carport , Terrassenbauwerk und Abstellraum
insgesamt ca. 76,5 m²
**Planungs- und Baukosten (Carport, Terrassenbauwerk und
Abstellraum):** 50.000 €
Baujahr/Fertigstellung: 2009
Standort: Hausgarten bei Donauwörth

Rechte Seite oben: Blick durch das Terrassenbauwerk in Richtung Koch-/Essbereich

Rechte Seite unten: Perfekte Harmonie:
Ansicht von Südwesten

Unten alle: Der winkelförmige Carport
schließt das Grundstück zum Nachbarn
ab. Die gläserne Fuge lässt die Architektur
optimal wirken und bietet doch vollständigen
Wetterschutz.

Ein Architekt plant die eigene Laube

Modernes Holzhäuschen im Schrebergarten

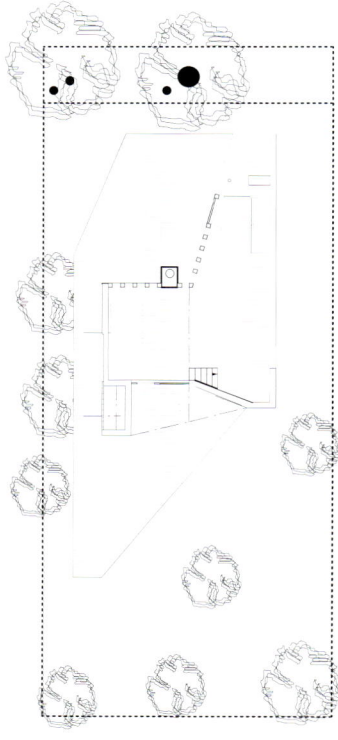

0   1 m

Lageplan

Eine Schrebergartensiedlung in der niederländischen Stadt Groningen bildete den Schauplatz dieses Selbstversuchs. Haiko Meijer, Partner im Architekturbüro Onix Architects, hatte eine der 200 Quadratmeter großen Parzellen erworben, um dort zusammen mit seiner Frau und seinem Kind der gemeinsamen Gartenleidenschaft nachzugehen. In der Funktion eine klassische Laube mit Aufenthaltsbereich und Abteil für Gartengeräte, präsentiert sich das Gebäude ästhetisch sehr modern. Die Grundkonstruktion bilden massive Vierkanthölzer identischer Abmessung, die die Glasfassade rhythmisieren. Das Haus fasst die beiden unterschiedlichen Gartenräume ein und betont sie – zum einen den introvertierten und schattigeren nördlichen Teil beim Wassergraben, mit Apfelbaum und Rhododendren, zum anderen den sonnenexponierten südlichen Abschnitt mit einer großen Terrasse und einer Bepflanzung aus feuchteliebenden Pflanzen und Bambusarten. Das Innere des etwa 36 Quadratmeter großen Domizils ist ausgesprochen wohnlich; herausnehmbare Pappelholz-elemente erlauben zudem eine stete Anpassung an neue Ideen; so ließen sich die Teile beispielsweise durch künstlerische Exponate ersetzen. Ein ebenfalls mit Holz verschalter, direkt am Fenster positionierter Küchenblock mit Spüle und kleinem Propangas-Kochfeld ist mit dem Kamin verbunden, der den Aufenthalt auch an kälteren Tagen ermöglicht. Strom wird, wie in der ganzen Kleingartensiedlung, ausschließlich über Solarpaneele erzeugt. So ist das kleine Kunstwerk das ganze Jahr über eine gemütliche Teilzeitbleibe, in der man das Ergebnis der eigenen Arbeit bei Regenwetter auch einmal von innen betrachten kann.

Rechte Seite oben: Auf der Südseite befindet sich die von Bambus gesäumte Sonnenterrasse.

Rechte Seite unten: Uralte Zuckerhutfichten und Gräser flankieren den Zugang im Norden. Durch den Erhalt der meisten vorhandenen Pflanzen konnte das moderne Haus in ein begrüntes Umfeld gesetzt werden.

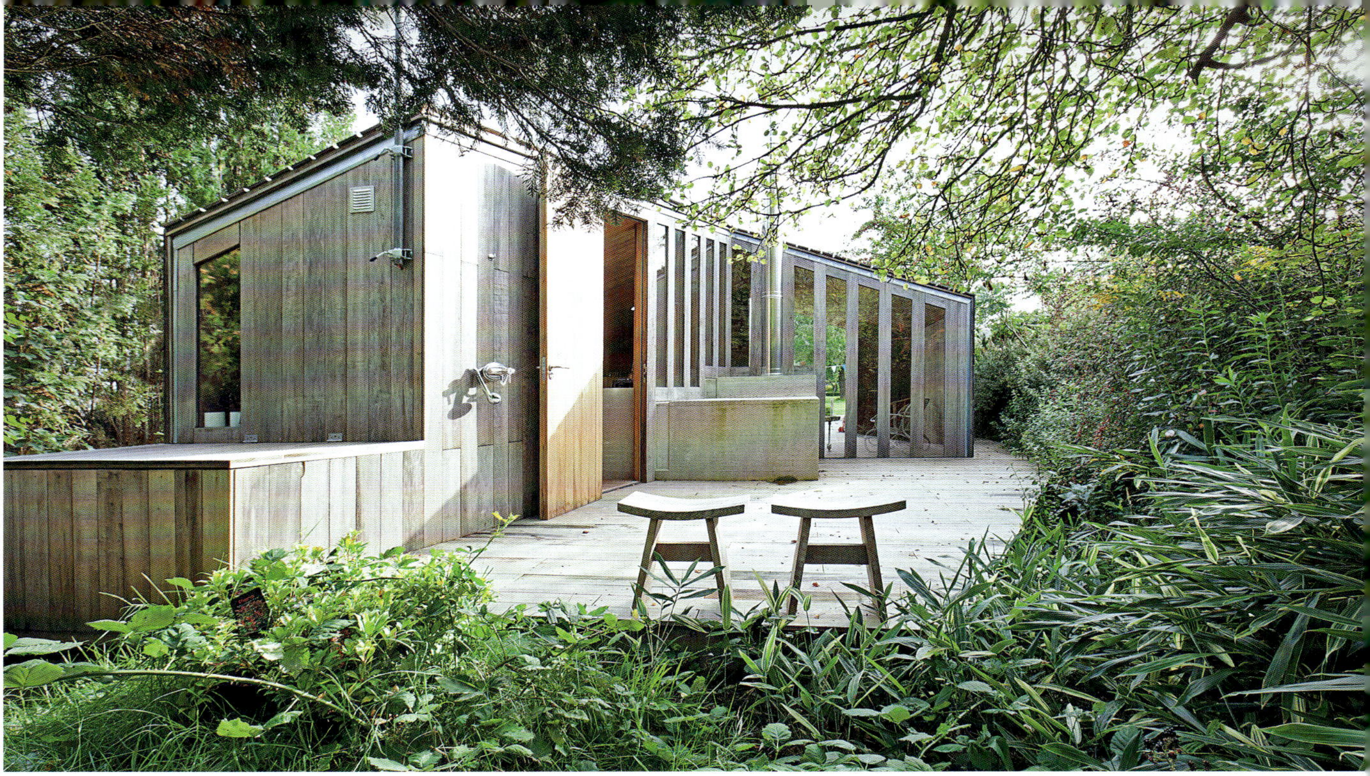

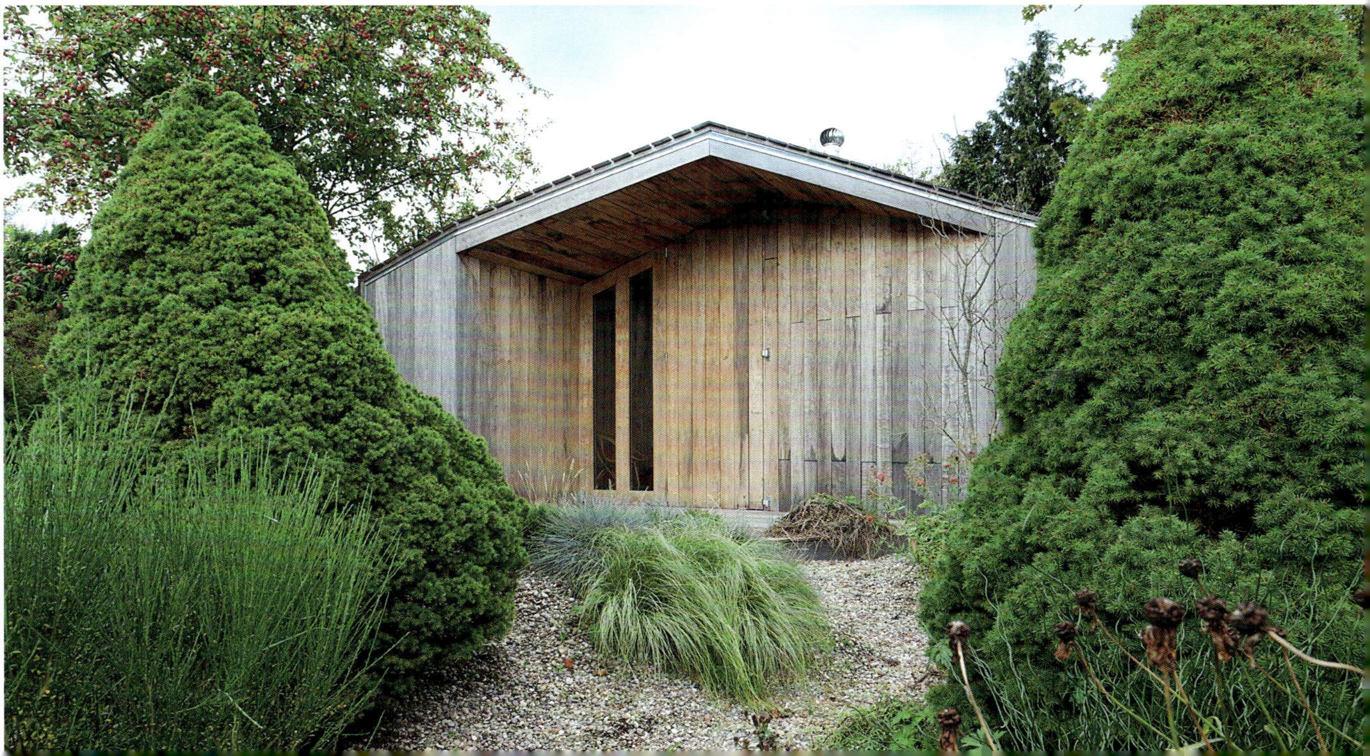

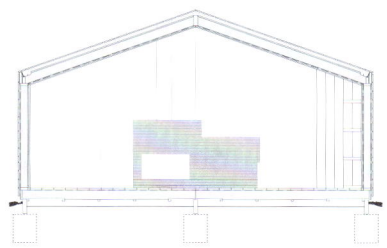

Schnitt

Wichtiges in Kürze

Funktion: Gartenhaus mit Aufenthaltsbereich und Kamin-/Küchenblock sowie angegliedertem Geräteabteil
Bauweise: Holzmassivbau (Pappelholz) mit austauschbaren Innenwandelementen
Nutzfläche Bauwerk gesamt: ca. 36 m² (zuzüglich ca. 50 m² Terrassen)
Planungs- und Baukosten: 52.000 €
Baujahr/Fertigstellung: 2011
Standort: Schrebergarten in Groningen/Niederlande

Linke Seite und rechts oben: Die hochwertige skulpturale Gestaltung der äußeren Hülle findet ihre Entsprechung in den überwiegend mit Pappelholz ausgestatteten Innenräumen. Die gereihten Stützen und Verglasungen erzeugen eine außergewöhnliche Belichtung, der Funktionsblock mit Ofen, Spüle und Kochfeld wirkt wie eine Skulptur für sich.

Rechts unten: Mit jeder Veränderung des Betrachterstandorts zeigt das Haus ein völlig neues Gesicht.

Zeitgemäßes Design für die Kinder

Stelzenhaus zwischen Bäumen

Zu Beginn der Planung stand der Wunsch zweier Architektensöhne nach einem eigenen Baumhaus. Robert Potokar machte sich sofort an die Arbeit – und da Ravnikar Potokar Architects für gute zeitgemäße Architektur stehen, war es selbstverständlich, dass sich das neue Kinderparadies am modernen Formenkanon orientieren sollte. Ziel war es, durch die gebaute Qualität neben dem Spaß am Aufenthalt auf spielerische Weise auch ein natürliches Gespür für gute Architektur zu vermitteln.

In Ermangelung optimal geeigneter Bäume einigte man sich auf die Version eines Stelzenhauses, das unmittelbar neben einer Gehölzgruppe steht und damit dem Charakter eines Baumhauses sehr nahe kommt. Die beiden Bewohner haben ihr neues Heim sofort ins Herz geschlossen und verbringen dort jede freie Minute. Die auf Punktfundamenten ruhende Stützenkonstruktion verjüngt sich nach oben, darauf aufgelagert ist eine Kabine in dynamischer Keilform. Durch eine große, vor Wind und Wetter schützende Plexiglasscheibe hat man einen schönen Ausblick, frei platzierbare bezie-hungsweise fest installierte Holzbänke und ein weicher Teppich sorgen für angenehmen Aufenthalt. Mehrere, teils nach Art von Schiffsluken zu öffnende Fenster strukturieren die seitlichen, aus Fichtensperrholz bestehenden Fassaden. Zum Schutz vor Abwitterung sind alle Oberflächen mit einer farblosen, UV-beständigen Lasur gestrichen.

Links oben: Die quadratischen Öffnungen mit Klappläden strukturieren nicht nur die Fassaden, sondern schaffen auch die Möglichkeit zu unterschiedlichen Raumwahrnehmungen und fördern so die kindliche Vorstellungskraft.

Links unten: Ein »Baumhaus« in zeitgemäßem Design

Rechte Seite: Das keilförmige Stelzenhaus ist so zwischen Grünbestand eingebettet, dass es selbst zu einem Teil der Umgebung wird.

Ravnikar Potokar Architects
Projektbearbeitung: Robert Potokar, Janez Brežnik

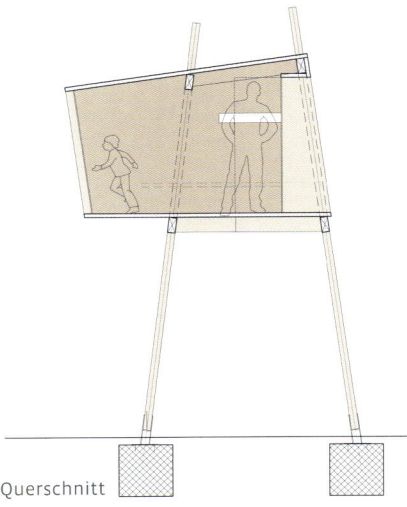

Querschnitt

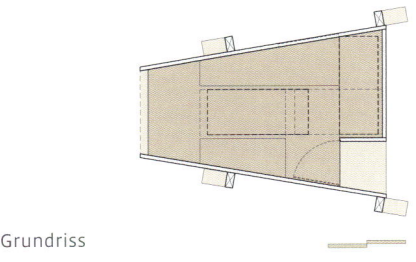

Grundriss

Links oben: Die Kinder nutzen das Haus für viele Zwecke – unter anderem zum Spielen, als Treffpunkt, als Theaterbühne und als Versteck.

Links: Einige vom Vater selbst entworfene Holzmöbel dienen zum Sitzen, ansonsten wird auf dem Boden gespielt und ausgeruht.

Wichtiges in Kürze

Funktion: Stelzenhaus für Kinder, für den temporären Aufenthalt
Bauweise: Holzständerkonstruktion auf Punktfundamenten,
Wände aus Fichte-Sperrholzplatten, Plexiglasplatten, Pultdach
mit Deckung aus beschichtetem Sperrholz
Nutzfläche: ca. 3,5 m²
Baukosten: ca. 3.500 €
Baujahr/Fertigstellung: 2010
Standort: Hausgarten bei Ljubljana/Slowenien

Unten: Ausblick in den Garten

Dreibaum-Wohnung

Ein Kunstprojekt aus drei Baumhäusern

Der renommierte Künstler und Kunstprofessor Tobias Rehberger hat sich schon mehrfach von der Verbindung der natürlichen und der gebauten Sphäre inspirieren lassen. Im Jahr 2005 als Kunstaktion im Schlosspark Wendlinghausen ausgeführt, sind hier kreativer Impetus und praktische Nutzbarkeit zusammengeführt: Es handelt sich nämlich keineswegs um reine Rauminstallationen oder, wenn man so möchte, Land-Art-Skulpturen, sondern um begeh- und erfahrbare,

ja sogar temporär bewohnbare Baukörper. In der Serie *Drei ausgesetzte Kinder* entwarf er jeweils drei sehr unterschiedliche Baumhäuser aus Holz, Plexiglas und Farbe, die zusammen als Dreiraumwohnung mit Wohnzimmer, Küche und Bad konzipiert sind – nur eben nicht konventionell und in unmittelbarem räumlichem Zusammenhang, sondern auf drei verschiedene Bäume verteilt. Ähnlich drei Farbklecksen unterschiedlicher Couleur (anthrazit/rot, blaugrau/bunt und zitronengelb)

und unterschiedlicher Kubatur boten sie schwindelfreien Gästen ein unkonventionelles Kunstrefugium auf Zeit. So ist etwa die Küche als halbe Tonne konstruiert, deren Tragwerk ebenso leuchtend zinnoberrot abgesetzt ist wie die Kanten des integrierten Einbaumöbels. Über eine Klappe im Boden und eine Holzleiter ist der bauchartig behütete Raum zugänglich; bei geschlossener Klappe konzentriert sich der Blick des Betrachters ganz auf den Ausblick in die nahen Baumwipfel.

Links: Dieses Baumhaus, das auch mit einer Sitzbank ausgestattet war, fungierte im Kontext der Installation als Wohnraum.

Rechte Seite: Diesen beiden Baumhäusern hat der Künstler die Funktionen Kochen (rechts) und Wohnen zugewiesen.

Tobias Rehberger

Wichtiges in Kürze

Funktion: Begehbare Kunstwerke/Raum-
skulpturen
Bauweise: Holzkonstruktion mit Plexiglas,
Wände aus Sperrholz
Titel: *Drei ausgesetzte Kinder* (temporäre
Installation im Schlosspark Wendlinghausen,
Dörentrup im Rahmen der Ausstellung
Garten_Landschaft OstWestfalenLippe)

Linke Seite: »Bauchgefühl« mit Ausblick:
Die roten Streben betonen die halbtonnen-
förmige Kubatur der »Küche«, die mit Ein-
baumobiliar ausgestattet ist.

Rechts beide: Als leuchtend gelber, pris-
matischer Körper wurde das Badehaus
interpretiert.

Schillernd wie ein Regenbogen

Rückzugsort im Baum

Gleich seinen Schwester-Kunstwerken möchte auch dieses einen Baum umschlingende Haus einen temporären Rückzugsort formen. Wie alle Baumhäuser von Tobias Rehberger begeh- und erfahrbar konzipiert, fasziniert hier besonders das souveräne Spiel mit vielfältigen Formen, Farben und industriell konnotierten Materialien, die das grüne Umfeld neu bestimmen, Spannung aus den Gegensätzen beziehen und gemeinsam Wirkung entfalten. Gerade die brüske Kantigkeit tritt in fruchtbare Wechselbeziehung mit der harmonischen Rundung des Baumstamms. Neben einem orangefarbenen »Aufstiegsschacht«, der die Leiter umhüllt, stehen mittels Vierkantstahl konstruierte »Teilräume«, die teils mit grünen, blauen und gelben Kunststofffolien, teils mit transparenten Makrolonplatten bekleidet sind. Bei der Annäherung ergeben sich im Auge des Betrachters vielfältig eingefärbte, gefilterte und perspektivisch veränderte Aussichten und Durchblicke.

Rechte Seite: Ansicht des Kunstwerks im Rahmen des *Braunschweig Parcours 2004*

Wichtiges in Kürze

Funktion: Begehbares Kunstwerk/Raumskulptur
Bauweise: Vierkantrohre, Makrolonplatten, Farbfolien, Farbe
Titel: *Adipöse Enkelin*

Tobias Rehberger

Futuristisches Refugium

Raumskulptur in der Platane

Wichtiges in Kürze

Funktion: Begehbares Kunstwerk/
Raumskulptur
Bauweise: Stahlkonstruktion, Holz,
Siebdruckplatten, PU-Hartschaumplatten
Titel: *Ausgesetztes Waisenkind*

Für die Jugendstilanlage der Darmstädter Mathildenhöhe erdachte Tobias Rehberger eine außergewöhnliche, kantig gebrochene Skulptur, die benutzt und begangen werden kann. Nach dem Willen des Künstlers bietet sie, hier in den starken Ästen einer alten Platane fixiert, die Möglichkeit zu kleinen Fluchten aus dem öffentlichen Raum. Neben der schieren Höhe trägt vor allem die an ein Prisma erinnernde Gestaltung mit ihren zahlreichen Ecken und Kanten dazu bei, dass die Wirklichkeit durch den Aufenthalt im Baumhaus mehrfach gebrochen wird. Es war auch möglich, sich in der Skulptur auf den dafür geschaffenen Bänken so zu setzen, dass die Außenwelt immer nur partiell durchschien. Zudem bot die kunstvolle Raumskulptur durch ihre komplementäre Farbgebung aus Orange- und Violett-Tönen auch dadurch eine ruhige und kontemplative Atmosphäre. Die Natur wird bewusst eingeladen: Durch runde Öffnungen können sich Zweige in das Haus hineinschieben, und Freiräume an den Plattenstößen lassen Sonnenstrahlen hinein, die Lichtreflexe auf die Oberflächen werfen.

Tobias Rehberger

Schwebende Muschel zwischen Baumwipfeln

Claras Baumhaus

Dass renommierte und große Archi-
tekturbüros auch nur groß bauen
können, wird oft behauptet. Im Fall von
schneider+schumacher, deren Projekte
in Frankfurt ebenso wie in Berlin und
Wien zu finden sind, ist diese Annahme
aber falsch, denn kleiner als ein Baumhaus geht es nicht. Mit seiner Tochter
Clara entwarf Michael Schumacher ein
solches *minimal home* hoch oben in
den Baumwipfeln, das nicht irgendwie
zurechtgezimmert wurde, sondern
auch ein gestalterisch sehr ambitionier-
ter Entwurf ist. Gleich einer prismatisch
verfremdeten Muschel, deren Hälften
auseinandergezogen wurden, scheint
Claras neues Klein-Heim hoch über dem
Erdboden zu schweben. Im Unterschied
zum durchschnittlichen »Hoch-Haus«
wurde hier weder mit in Bäumen veran-
kerten noch mit selbsttragenden Unter-
konstruktionen gearbeitet. Das Kleinod
hängt schlicht an vier starken Stahlseilen, die nur punktuell in benachbarten
Birken befestigt sind. So vibriert das
Gebilde bei jeder Bewegung ein wenig

und signalisiert, dass man sich auf
ungewöhnlichem Terrain bewegt.
Michael Schumacher und seine Tochter wurden sich bald einig, dass die
Nutzfläche quadratisch sein sollte,
wobei die Liegefläche der Matratzen
die Maße vorgab – ähnlich wie bei japanischen Häusern die Tatami-Matten.
Die äußere Hülle wurde um 45° um
den »Wohngrundriss« gedreht und
dynamisch geformt. Ein studentischer
Büro-Mitarbeiter erhielt den Auftrag
für die Werkplanung, ein befreundeter
Schreiner fertigte die Teile in der Werk-
statt vor und die Ausführung in Omas
Garten nahmen die Familienmitglieder
gemeinsam mit Freunden selbst in die
Hand. Den Prozess hat man sogar in
einem eigenen kleinen, liebevoll gestalteten Buch festgehalten. Groß wie Klein
nutzten und nutzen die Laube zwischen
den Birken bei jeder Gelegenheit. Wer
nun Lust auf das Baumhaus bekommen
hat, kann es über die Schreinerei beziehen (siehe Adressverzeichniss).

Rechte Seite: Leicht und elegant, scheint
Claras Baumhaus zwischen den Bäumen
zu schweben.

schneider+schumacher
Projektbearbeitung: Michael Schumacher, Edwin Heimberg
Herstellung und Vertrieb: Schreinerei Hein

Oben: Die vom Gewicht her leichte, jedoch mit hohem Aufwand geplante Holzkonstruktion aus wetterfesten Fichte-Sperrholzplatten zwischen den Birkenstämmen

Linke Seite: Mit freier Rundumsicht ausgestattet, bietet das Haus Transparenz und Geborgenheit gleichermaßen.

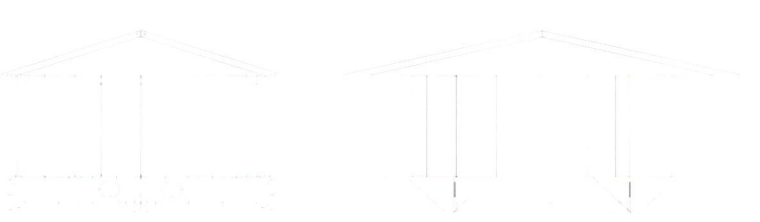

Schnitte

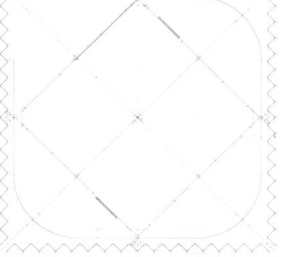

Grundriss

Wichtiges in Kürze

Funktion: Baumhaus für Naturerleben und temporären Aufenthalt
Bauweise: wetterfest verleimte Fichte-Sperrholzplatten (21 mm, PEFC-zertifiziert), gebogene Acrylglasscheiben
Nutzfläche: ca. 11,6 m² (3,4 x 3,4 m)
Baukosten brutto: ca. 8.500 €
Baujahr/Fertigstellung: 2009
Standort: Hausgarten bei Solingen/Nordrhein-Westfalen

Rechts oben: Fernblick auf »Claras Baumhaus«

Rechts: Erklommen wird das Refugium über Leitern, die man bei Bedarf einfach heranzieht. In Bodennähe befindet sich ein Hängematten-Platz, den das Baumhaus vor Regen schützt.

Linke Seite: Die Konstruktion ist an Stahlseilen aufgehängt. Die Stämme der Bäume wurden dabei nicht verletzt. Im Hintergrund das Wohnhaus.

Haupt- und Nebengebäude als Einheit

Doppelcarport mit Geräte- und Fahrradabteil

Auf einem waldnahen Grundstück in einem Vorort von München entstand ein großzügiges modernes Einfamilienhaus mit Pool und einem Doppelcarport, der Form, Materialien und Farbigkeit des Hauptgebäudes gekonnt aufnimmt. Mit der Längsseite zur Straße orientiert, fungiert der Autounterstand nicht zuletzt als Sicht- und Lärmschutz gegenüber dem öffentlichen Raum. Ein schnurgerader, mit Betonplatten belegter Fußweg führt unter einem gemeinsamen Dach zwischen dem offenen Carportbereich und dem links davon gelegenen geschlossenen Fahrrad- und Geräteschuppen zum Haupteingang. Das torartige Eingangsbauwerk bildet eine ebenso zurückgenommene wie gelungen inszenierte Auftaktsituation. Hellgraue Sichtbetonwände, das auf anthrazitfarbenen Rundstützen aufgelagerte Flachdach und der holzleistenverschalte Attikabereich nehmen Kennzeichen des Kommenden bereits vorweg. Der Luftraum zwischen Außenwänden und Attika gibt dem Dach einen leichten, nahezu schwebenden Charakter.

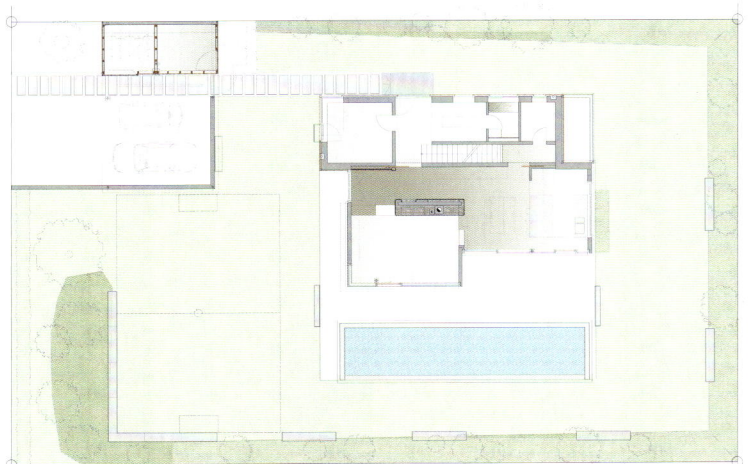

Grundriss

Rechte Seite: Dem Wohnhaus vorgelagert, schirmt der Carport den Privatgarten zur Straße hin ab und zitiert dabei die Materialität und Geometrie des Hauses und der Terrasse.

Selbertinger Uhl Architekten

Links: Straßenseitig markieren robuste Materialien (Sichtbeton, Basaltschiefer) den Auftakt zum Haupthaus sowie den Übergang vom öffentlichen zum privaten Bereich.

Links Mitte: Gartenseitig ist das Eingangsbauwerk in den Garten eingebettet. Die schwebend erscheinende Dachscheibe nimmt dem Gebäude seine Schwere.

Links unten: Blick aus dem ersten Obergeschoss auf den Carport

Wichtiges in Kürze

Funktion: Carport für zwei Autos, Geräte/Abstell- und Fahrradabteil
Bauweise: Sichtbeton bzw. Holzständerbauweise, Attika mit Holz-leistenfassade
Nutzfläche: ca. 60 m²
Planungs- und Baukosten: keine Angaben
Baujahr/Fertigstellung: 2010
Standort: bei München

Oben: Blick vom Haus zum Carport. Korrespondierende, wiederkehrende Materialien und die verbindende Zugangsachse machen Haupt- und Nebengebäude zu einer harmonischen Einheit.

Filigrane Garten-Baukunst am Fluss

Pergola im Villengarten

Grundriss

Ein Berliner Villengarten an der Spree bildet den Schauplatz dieser Garten-inszenierung. In direkter Zwiesprache mit der weiß-gläsernen Kubusarchitektur des Hauses entwickelt, ist die Gartenplanung als filigrane Ergänzung des gebauten Umfelds und als vermittelndes Element zur Ufer-Vegetation konzipiert. In Form eines Winkels zwischen Haus, Poolbereich und Spree-ufer eingepasst, ist dabei die Pergola Aufenthaltsbereich nahe dem Bassin, Kletterhilfe für verschiedene Gehölze und raumgliederndes Element zugleich. Schmale Stahlstützen bilden zusammen mit einer aufgelagerten Holzkonstruktion, die ebenfalls mit geringstmöglichen Querschnitten auskommt, das Tragwerk. Zum See hin schirmen elegante Holzlamellenwände den Sitzplatz unter der Pergola vor Blicken ab und filtern die Sonnenstrahlen. Die Lamellen sind gerade so schräg gestellt, dass optimaler Sonnenschutz mit bester Lichtausbeute kombiniert wird. Hellgraue Betonplatten und Holzbelag bilden den formal sachlichen beziehungsweise – beim Sitzplatz in Wassernähe – natürlichen Untergrund.

Rechte Seite: Blick von der Villa zum Ufer-bereich. Rechts der Pergolazugang, links im rechtwinklig anschließenden Pergolabereich der Sitzplatz. Die Konstruktion wirkt landschaftsgestalterisch als räumlicher Abschluss des Gartens.

Wichtiges in Kürze

Funktion: Geschützter Sitzplatz, Kletterhilfe für Pflanzen, Sicht- und Sonnenschutz, raumgestalterisches Element
Bauweise: Holz-Stahl-Konstruktion, Wände mit Holzlamellen, Belag Betonplatten/Holz
Nutzfläche: Pergolengang ca. 63 m², Sitzplatz unter Pergola ca. 60 m²
Planungs- und Baukosten (nur Pergola): ca. 25.000 €
Baujahr/Fertigstellung: 2009
Standort: Großer Hausgarten in Berlin

Links: Zugang entlang der Grundstücksgrenze zum Sitzbereich. Die Pergola wird hier von weiß blühenden Kletterrosen berankt.

Rechte Seite: Überdachter Sitzplatz am Ende der Pergola. Der Holzbelag schafft eine wohnliche Atmosphäre. Die lichtdurchlässige Lamellenwand schirmt den privaten Sitzplatz vom öffentlichen Uferweg ab.

Standfest und filigran

Zwei Pergolen aus Stahl

Im neu gestalteten Hinterhof einer ehemaligen Fabrik entstand für die hier nun untergebrachten Loftwohnungen ein Garten mit vielfältig nutzbaren Aufenthaltsbereichen. Zwei Pergolen dienen nicht nur als Rankhilfen und später einmal als Schattenspender, sondern auch zur Befestigung von Sonnensegeln. Das Tragwerk besteht aus mehreren verschraubten U-Konstruktionen. Zwischen den Trägern aus verzinktem Stahl sind Stahlseile gespannt, an denen Pflanzen emporranken werden. Die industrielle Vergangenheit zitierend, strukturieren die Pergolen den langgestreckten Garten, ohne ihn zu verstellen, und schaffen so erlebbare Räume. Im Material dazu passend sind die Beete mit im Lauf der Zeit bewitterten, rostfarbenen Cortenstahl-Bändern eingefasst. Halbhohe Gabionenenwände mit einer Befüllung aus rotem Porphyr fassen zusammen mit der Stahlkonstruktion die Sitzplätze und dienen darüber hinaus zum Abstellen von Kübelpflanzen. Basalt-Großsteinpflaster aus Wiederverwendung vervollständigt das stimmige Konzept.

Rechte Seite: Hinterer Gartenbereich mit Pergolen-überspanntem Sitzplatz, Durchblick zur Stahlkonstruktion im Eingangsbereich. Stahlpergolen, Gabionen mit Bruchsteinfüllung und Basaltsteinpflaster mit Cortenstahl-Fassung greifen die gewerbliche Vergangenheit und den entsprechenden Materialkontext gekonnt auf.

Links: Die Kletterkonstruktion beim Eingang, die im Sommer begrünt ist, wirkt als einladende Geste, gliedert den Raum und fungiert zudem als Absturzsicherung.

Wichtiges in Kürze

Funktion: Pergolen für den temporären Aufenthalt, als Rankhilfe und als Gerüst für die Sonnensegel
Bauweise: Konstruktion aus verzinktem Stahl, Stahlseile als Verspannung, halbhohe Gabionenwände
Nutzfläche unter den Pergolen: ca. 25 m²
Planungs- und Baukosten: keine Angaben
Baujahr/Fertigstellung: 2010
Standort: Hausgarten in Frankfurt a.M.

Linke Seite: Mediterranes Flair und alter Industriecharme, warme Töne und stringente Materialien – eine spannungsvolle Kombination mit ruhiger Ausstrahlung

Unten links: Filigrane Transparenz in Kombination mit Elementen der Ingenieurbautechnik: Edelstahl-Seilverspannungen und Gabionen

Unten: Konstruktionsdetail mit Seilbefestigung für die Sonnensegel

Anhang

Akio Kamiya Architect & Associates
19-6, Akebono-cho, Minami-ku
Okayama, 702-8057
Japan
www/3.tiki.ne.jp/~kamiya-akio/

architekten langhanki
Saarstraße 121
47198 Duisburg
Tel. 02066 / 8081
www.architekten-langhanki.de

Link Landschaftsarchitekten
Grenzstraße 12 a
84503 Altötting
Tel. 08671 / 85937
www.link-landschaftsarchitekten.de

NEX Architecture
Alan Dempsey
71 Newman Street
London W1T 3AH
United Kingdom
Tel. +44 / 2071830900
www.nex-architecture.com

Obel und Partner GbR, Freie Architekten BDA
Teutonenweg 10
86609 Donauwörth
Tel. 0909 / 70692-0
www.obel-architekten.de

Oechsli + Partner Architekten
Javier Horrach
Rheinstrasse 17
8201 Schaffhausen
Schweiz
Tel. +41 / (0)52 / 6247726
www.oechslipartner.ch

Onix Architects
Alex van de Beld + Haiko Meijer
Postbus 474
9700 Groningen
Niederlande
Tel. +31 / (0)505290252
www.onix.nl

Ravnikar Potokar Architects
Rimska cesta 8
1000 Ljubljana
Slowenien
Tel. +386 / (0) 1 422 47 40
www.ravnikar-potokar.si

Studio Tobias Rehberger
Holzgraben 11bH
60313 Frankfurt a.M.
Tel. 069 / 6270027
info@tobiasrehberger.de

Riesop Landschaftsarchitektur GmbH/
Sebastian Riesop Landschaftsarchitekt
AKNW
Kronenstraße 46
40217 Duisburg
Tel. 0211 / 97716922
www.riesop.de

schneider+schumacher
Planungsgesellschaft mbH
Poststraße 20 a
60329 Frankfurt a. M.
Tel. 069 / 25626233
www.schneider-schumacher.de

Selbertinger Uhl Architekten
Steinerstraße 15, Haus A
81369 München
Tel. 089 / 45811070
www.selbertinger-uhl.de

TDB Landschaftsarchitektur
Thomanek Duquesnoy Boemans
Hauptstraße 23–24
10827 Berlin
Tel. 030 / 6112218
www.tdb-berlin.de

Bernd Waldvogel Landschaftsarchitekt AKH,
BDLA
Steinweg 32
65824 Schwalbach
Tel. 06196 / 9025874
www.waldvogel-landschaftsarchitektur.de

Weitere Kontaktadressen

In Deutschland, Österreich und der Schweiz
gibt es Verbände, die die Interessen der
Kleingärtner vertreten. Sie beziehungsweise
die regionalen Gliederungen sind mit Infor-
mationen zu den verschiedensten Belangen,
unter anderem auch den Erwerb von Parzellen
und den Bau von Gartenhäusern betreffend,
behilflich.

Bundesverband Deutscher Gartenfreunde e.V.
Platanenallee 37
14050 Berlin
Tel. 030 / 3020140
www.kleingarten-bund.de

Schweizer Familiengärtnerverband
St. Georgenstrasse 71 a
9000 St. Gallen
Schweiz
Tel. +441 / (0)77 / 2229826
www.familiengaertner.ch

Zentralverband der Kleingärtner und Siedler
Österreichs
Simon-Wiesenthal-Gasse 2
1020 Wien
Österreich
Telefon: +43 / (0)1 / 5870785
www.kleingaertner.at

Literatur

Erwin Huber, *Selbst Gartenhäuser, Lauben und Pavillons bauen,* 10. Auflage, München 1997
Pierre Nessmann: *Gartenhäuser, Lauben & Pavillons,* Aarau 2011
Michael Niederstrasser, Johanna Spalink-Sievers und Rüdiger Weddige: *Gartenhaus, Laube, Pergola. Der geschützte Platz im Garten,* München 1986
Jeanie Stiles, Kurt Kretschmann und David Stiles: *Lauben und Hütten, Einfache Paradiese zum Selbstbauen,* 3. Auflage, Staufen 2006

Bildnachweis

Fotografien:
A1 architects: Seite 8–21
Irene Alberts: Seite 22–23
Christoph Brotz: Seite 83–85
Clemens Buck: Seite 48 unten rechts, 49
Thomas Drexel: Seite 29 oben und unten links, 69 oben und unten, 105–107
Jens Hagen: Umschlagrückseite 1. Reihe links, Seite 44–45, 86–87
Sandra Brunsch: Seite 31, 64–65
Eik Frenzel: Umschlagrückseite 2. Reihe links, Seite 34–39
Gruber+Haumer: Seite 57–63
Marcus Hofbauer: Seite 66–67
Hütten&Paläste: Seite 71–77
Sabine Jakobs: Umschlagrückseite 2. Reihe Mitte, Seite 46–47, 48 oben und unten links, 50–51
David Jameson Architect: Umschlagvorderseite, Seite 79–81
Akio Kamiya: Umschlagrückseite 1. Reihe Mitte, Seite 89–93
Andraz Kavcic/Robert Potokar: Seite 112–115
Sylvia Link: Seite 96–99
Thomas Mayer: Umschlagrückseite 1. Reihe rechts, Seite 40–43

Onix Architects: Umschlagrückseite 2. Reihe rechts, Seite 109–111
Marcus Peel: Seite 101–103
Joachim Pies: Seite 24–27
Studio Tobias Rehberger: Seite 116–123
Sebastian Riesop: Seite 95 oben und unten
Jan Scheutzow: Seite 131–133
Helen Schiffer: Umschlagrückseite 3. Reihe rechts, Seite 125–129
Thoren Steffen: Seite 33
TDB Landschaftsarchitektur: Umschlagrückseite 3. Reihe links, Seite 135–137
Wolfgang Thaler: Seite 29 unten rechts
Bernd Waldvogel: Seite 138–141
Michael Wolff: Umschlagrückseite 3. Reihe Mitte, Seite 52–55

Die Pläne stammen von den jeweils genannten Architekten/Planern.

Dank

Der herzliche Dank des Autors gilt allen Eigentümern und Architekten der im Buch vorgestellten Bauwerke, deren Mitarbeitsbereitschaft und teils auch ganz praktische Gastfreundschaft das Gelingen des Buchs erst möglich gemacht haben. Für das umsichtige Projektmanagement und Lektorat war Sabine Schmid verantwortlich, Susanne Hermann erstellte das wiederum sehr gelungene Layout. Programmleiter Roland Thomas brachte das Projekt zusammen mit dem Autor auf den Weg.

Der Autor

Thomas Drexel ist einer der meistgelesenen Architekturbuchautoren des deutschsprachigen Raums. Wenn er nicht gerade auf Recherchereisen ist, lebt und arbeitet er in Augsburg und Friedberg. Nach mehreren Jahren Tätigkeit in einem Architekturbüro schreibt er heute über die Themen Architektur, Wohnen und Garten und fotografiert Architektur von ihrer schönsten Seite. Bei DVA sind von ihm zahlreiche Titel erschienen.

Impressum

Das für dieses Buch verwendete FSC®-zertifizierte Papier *Profisilk*, hergestellt von Sappi, Alfeld, liefert die IGEPA.

1. Auflage
Copyright © 2012
Deutsche Verlags-Anstalt, München,
in der Verlagsgruppe Random House GmbH
Alle Rechte vorbehalten
Grafische Gestaltung und Herstellung:
Susanne Hermann/DVA
Lithografie: Helio Repro, München
Druck und Bindung:
Offizin Andersen Nexö Leipzig
Printed in Germany
ISBN 978-3-421-03851-7

www.dva.de